Qualidade total

o que é e como alcançar

O selo DIALÓGICA da Editora InterSaberes faz referência às publicações que privilegiam uma linguagem na qual o autor dialoga com o leitor por meio de recursos textuais e visuais, o que torna o conteúdo muito mais dinâmico. São livros que criam um ambiente de interação com o leitor – seu universo cultural, social e de elaboração de conhecimentos –, possibilitando um real processo de interlocução para que a comunicação se efetive.

DIALÓGICA

Qualidade total

o que é e como alcançar

Maria Thereza Bond
Angela Busse
Renato Pustilnick

Sumário

Apresentação **07**

Como aproveitar ao máximo este livro **09**

Fundamentos da qualidade
11

Qualidade total
35

Ferramentas para o aprimoramento da qualidade
53

- Algumas definições da qualidade **13**
- Qualidade na área profissional **19**
- Pequeno histórico da gestão da qualidade **21**
- Vantagens da qualidade **28**
- Consequências da falta de qualidade **29**

- Definições **38**
- Dimensões da qualidade total **40**
- Qualidade atrativa **41**
- Estratégias da qualidade total **42**
- Princípios da qualidade total **44**

- PDCA (*Plan, Do, Check, Act*) **55**
- Ferramentas da qualidade **59**

ISO – *International Organization for Standardization* — 83

- A origem das normas da Série ISO-9000 — 85
- ABNT — 87
- Ganhos com as normas da ISO — 87
- A ISO e o consumidor — 88
- Princípios das normas da ISO – série 9000:2000 — 89

Qualidade do ambiente de trabalho e o estresse ocupacional — 109

- Estresse ocupacional — 113
- Estresse físico — 116
- Estresse psicossocial — 117
- Insatisfação e não realização profissional — 118
- Entendendo o estresse — 119
- Fisiologia do estresse — 120
- Acontecimentos estressantes — 122
- Estresse e personalidade — 123
- Consciência e estresse — 124

Qualidade de vida: administração do estresse — 131

- A qualidade total começa de dentro para fora — 133
- Boas práticas e melhores empresas para trabalhar – estudo de caso — 134
- Estratégias para administração do estresse ocupacional — 135
- O que você pode fazer para administrar o seu estresse? — 136
- A atividade física — 137
- Técnicas de relaxamento — 139
- Estratégias mentais — 140
- Meditação: uma alternativa simples e de baixo custo para a administração do estresse ocupacional — 143
- Contraindicações — 147

- Para concluir... — 151
- Referências — 153
- Respostas — 156
- Sobre os autores — 159

Apresentação

A qualidade surge em decorrência da relação entre as organizações e o mercado. As organizações existem para satisfazer algum tipo de necessidade da sociedade e de seus clientes; a qualidade existe para que as necessidades sejam satisfeitas da melhor maneira possível.

Você deve ter percebido que a qualidade é algo conhecido mundialmente e buscado por praticamente todas as organizações, sejam elas prestadoras de serviços ou de produtos. No entanto, nem todas aplicam as ferramentas de qualidade de forma eficaz e alcançam verdadeiramente a qualidade desejada. As ferramentas são de simples compreensão e de fácil aplicabilidade e contribuem muito para garantir o padrão de qualidade esperado pelos clientes.

O objetivo deste livro é mostrar a importância da qualidade, auxiliando você, profissional, a satisfazer plenamente seus clientes, sejam eles externos ou internos, e a utilizar algumas das principais ferramentas de qualidade como facilitadoras no seu processo de melhoria, tanto profissional como pessoal.

No Capítulo 1, você encontrará um breve histórico da **qualidade**, envolvendo suas definições, alguns dos principais estudiosos da área, a qualidade no meio profissional e suas vantagens e desvantagens.

Já no Capítulo 2, focalizamos a **qualidade total**, explanando também suas definições, suas dimensões, suas estratégias e seus princípios. É importante conhecermos a base da gestão da qualidade para então prosseguirmos com os estudos relativos a ela.

O Capítulo 3 enfoca as principais **ferramentas** utilizadas para o **aperfeiçoamento da qualidade**, como o ciclo PDCA, o fluxograma e o *brainstorming*. Para cada ferramenta citada, serão expostas sua definição, objetivo, aplicação e vantagens, a fim de melhor exemplificarmos os assuntos propostos. Após a leitura deste capítulo, você conseguirá realizar a aplicação das ferramentas citadas, tanto em seu ambiente de trabalho quanto em sua vida pessoal.

O Capítulo 4 reserva-se a explanar as normas da **Série ISO-9000**, sua origem, seus princípios, sua relação com o consumidor e seus ganhos. Também abordaremos a respeito da **Associação Brasileira de Normas Técnicas** (ABNT), que é o órgão responsável pela normalização técnica em nosso país.

No Capítulo 5 faremos uma reflexão sobre o **estresse ocupacional** e sua interferência na implementação dos mecanismos que levam à qualidade total, por meio de uma análise crítica sobre as consequências do estresse no organismo humano e seus efeitos fisiológicos. Também serão analisados os tipos de acontecimentos estressantes mais comuns e as relações existentes, como a personalidade e a consciência. Estes são aspectos individuais e fundamentais para o entendimento dos meios de prevenção.

O Capítulo 6 traz informações úteis a respeito de como administrar e prevenir os efeitos negativos do estresse ocupacional. Com essas informações a respeito das principais estratégias disponíveis, por meio de uma organização lógica e com linguagem acessível, traz dicas variadas que vão das estratégias físicas às mentais, culminando em técnicas de meditação como uma estratégia de simples aprendizado, eficaz e de baixo custo para auxiliar na busca de uma **vida mais serena e produtiva**. Esses conhecimentos podem ser implementados juntamente com as demais técnicas abordadas pelos capítulos anteriores deste livro, unindo as teorias à prática.

Este livro vem de encontro às principais necessidades do mercado atual, retratando de que forma devemos lidar com os problemas, seja por meio de ferramentas de qualidade, seja na administração do estresse, sendo que ambas buscam a qualidade total. Aproveite ao máximo sua leitura!

Como aproveitar ao máximo este livro

Este livro traz alguns recursos que visam enriquecer o seu aprendizado, facilitar a compreensão dos conteúdos e tornar a leitura mais dinâmica. São ferramentas projetadas de acordo com a natureza dos temas que vamos examinar. Veja a seguir como esses recursos se encontram distribuídos no projeto gráfico da obra.

Conteúdos do capítulo
Logo na abertura do capítulo, você fica conhecendo os conteúdos que nele serão abordados.

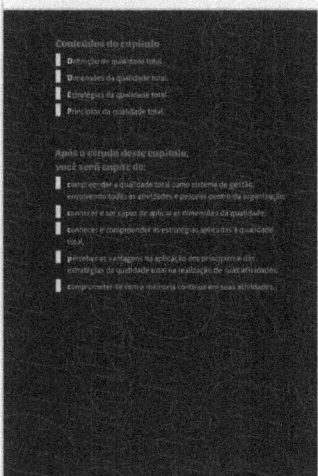

Após o estudo deste capítulo, você será capaz de:
Você também é informado a respeito das competências que irá desenvolver e dos conhecimentos que irá adquirir com o estudo do capítulo.

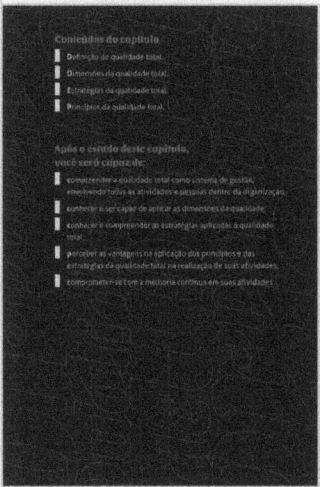

Síntese

Você dispõe, ao final do capítulo, de uma síntese que traz os principais conceitos nele abordados.

Questões para revisão

Com estas atividades, você tem a possibilidade de rever os principais conceitos analisados. Ao final do livro, o autor disponibiliza as respostas às questões, a fim de que você possa verificar como está sua aprendizagem.

Questões para reflexão

Nesta seção, a proposta é levá-lo a refletir criticamente sobre alguns assuntos e trocar ideias e experiências com seus pares.

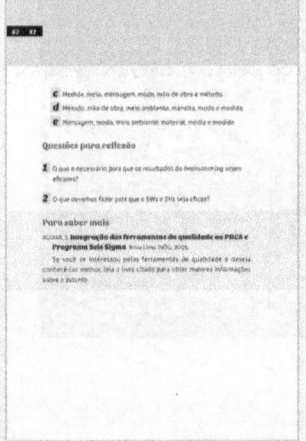

Para saber mais

Você pode consultar as obras indicadas nesta seção para aprofundar sua aprendizagem.

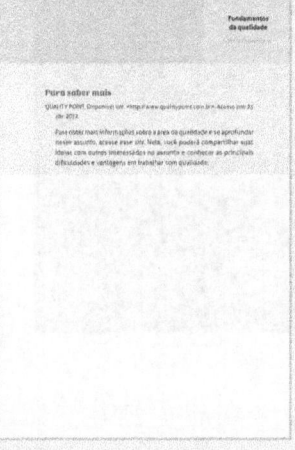

1
Fundamentos da qualidade

Conteúdos do capítulo

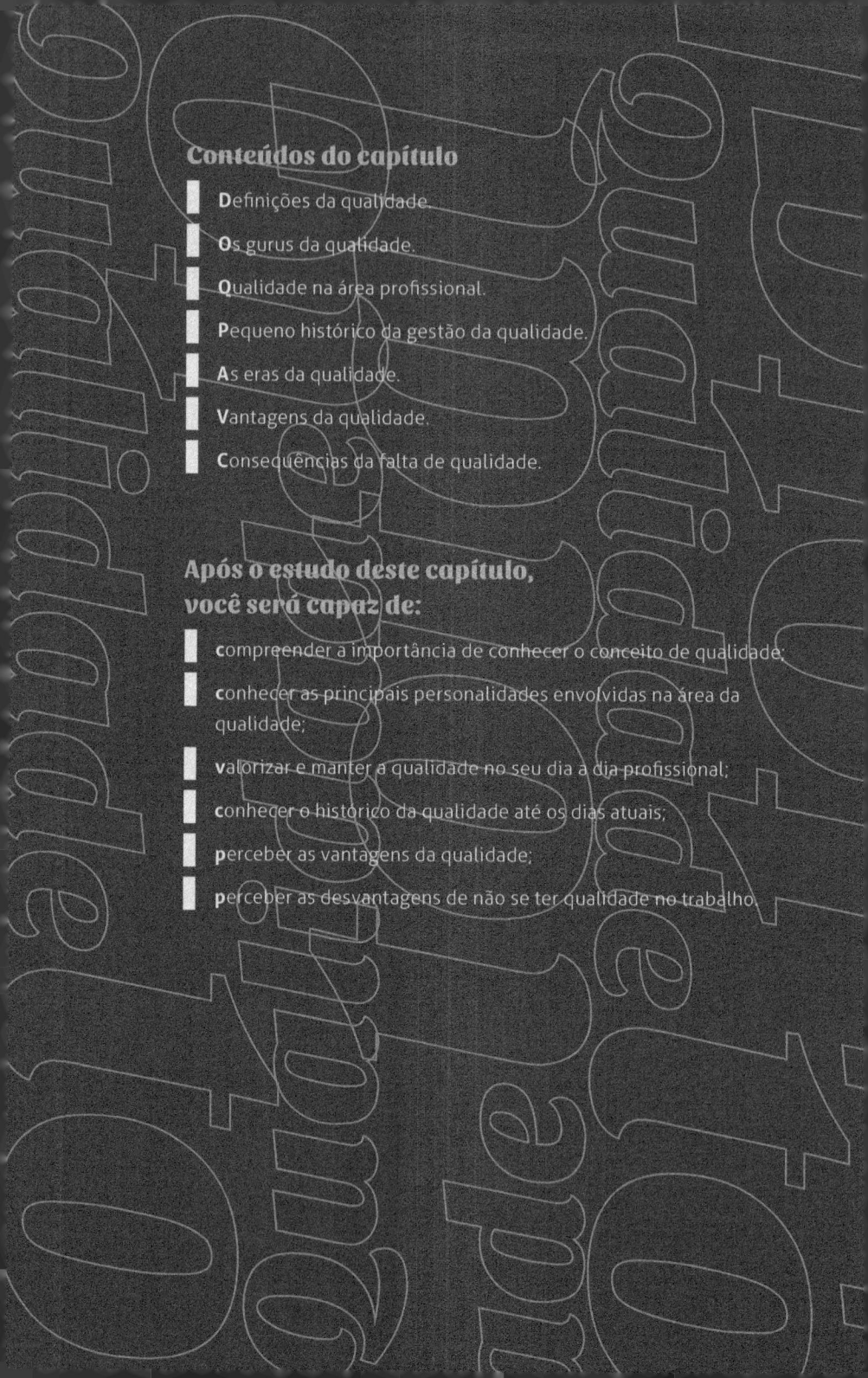

- **D**efinições da qualidade.
- **O**s gurus da qualidade.
- **Q**ualidade na área profissional.
- **P**equeno histórico da gestão da qualidade.
- **A**s eras da qualidade.
- **V**antagens da qualidade.
- **C**onsequências da falta de qualidade.

Após o estudo deste capítulo, você será capaz de:

- **c**ompreender a importância de conhecer o conceito de qualidade;
- **c**onhecer as principais personalidades envolvidas na área da qualidade;
- **v**alorizar e manter a qualidade no seu dia a dia profissional;
- **c**onhecer o histórico da qualidade até os dias atuais;
- **p**erceber as vantagens da qualidade;
- **p**erceber as desvantagens de não se ter qualidade no trabalho.

Fundamentos da qualidade

Maria Thereza Bond

Algumas definições da qualidade

Definir *qualidade* é algo bastante discutido. Muitos autores buscam essa definição, mas a grande maioria sabe que **a qualidade deve ser vista como algo mutável e relativo**. Para Campos (2004, p. 2), "um produto ou serviço de qualidade é aquele que atende perfeitamente, de forma confiável, de forma acessível, de forma segura e no tempo certo às necessidades do cliente".

Neto e Canuto (2010) afirmam que, para definir qualidade, devemos considerar **cinco abordagens**:

1 Abordagem transcendental:

Quando a qualidade é vista como sinônimo de excelência. Por exemplo: você vai trabalhar em uma empresa reconhecida por todos como uma das melhores empresas para se trabalhar. Você a considera como sendo uma organização de qualidade, pois associa a fama de excelência à qualidade.

2 Abordagem baseada no produto:

A qualidade do produto é baseada em aspectos mensuráveis, como, por exemplo, a vida útil, os acessórios e o *design*. Portanto, quanto mais esses aspectos estiverem presentes no produto, maior será a sua qualidade.

3 Abordagem baseada no usuário:

É uma forma bastante subjetiva de ver a qualidade, pois ela está diretamente relacionada às necessidades do cliente. Por exemplo: você pode preferir comprar sapatos com saltos medianos por trabalhar em pé o dia todo, já outro cliente pode preferir saltos mais altos. A qualidade dependerá da satisfação das necessidades do cliente.

4 Abordagem baseada no processo ou na produção:

Esta abordagem enfoca a qualidade como algo interno à empresa, ou seja, a forma como um produto ou serviço é realizado. Se o produto apresentar menos defeitos, significa que foi feito com mais qualidade.

5 Abordagem baseada no valor:

Relaciona a qualidade com o seu valor no mercado. Muitas vezes compramos algo sem pensar muito em aspectos como *design*, cor, tamanho etc. Levamos em consideração o preço, se é adequado às nossas condições financeiras e se é considerado como algo de qualidade, pois, de alguma forma, está me satisfazendo.

Paladini (2009a) afirma que o conceito de qualidade é, com certeza, algo que muda o tempo todo. Percebemos com isso que, conforme a época em que estamos, podemos dar mais ou menos valor a determinados aspectos que estarão relacionados à qualidade. Por exemplo: quando temos algo que está fora de moda, este fica sem qualidade; ou quando nossos paradigmas mudam – o que antes achávamos que ficava distante, hoje achamos que fica mais próximo, portanto, o que antes não tinha qualidade, agora pode ter.

Diante do visto, temos que ter cautela com o uso do conceito da qualidade, percebendo que é algo transitório e que está relacionado a vários fatores concomitantemente. Sobre essa questão, vejamos o Quadro 1.1:

Fundamentos da qualidade

Maria Thereza Bond

Quadro 1.1 – O que é qualidade

É verdade que	Mas também é verdade que
Nem sempre o cliente define concretamente quais são suas preferências e necessidades.	Isso não quer dizer que ele não tenha preferências e necessidades (embora não expresse claramente).
A qualidade é considerada como a falta de defeitos no produto ou no serviço prestado.	A falta de defeitos não significa possuir qualidade (o produto pode ter cores que um consumidor considera berrantes).
A qualidade nunca muda.	O consumidor muda. E rapidamente.
Qualidade é um aspecto subjetivo.	O subjetivo pode refletir posições práticas (um cliente gosta mais de "cor de carro" porque nela a sujeira aparece menos).
A qualidade identifica-se com a capacidade de fabricação.	Produtos bem feitos nem sempre atendem as necessidades ou nem sempre são adequados ao uso esperado.
A qualidade pode ser vista como um requisito mínimo de funcionamento.	Se você faz o mínimo, qualquer pessoa pode fazer o que você faz, o que gera considerável risco para a empresa.
A qualidade envolve a diversidade de opções que um produto ou um serviço pode oferecer a seus clientes.	É necessário que o cliente não sinta que a "qualidade" do produto reside no excesso de penduricalhos - de utilidade quase nula.
Qualidade é uma área específica.	Ninguém pode omitir-se no esforço de produzir qualidade.

Fonte: Paladini, 2011, p. 28.

Os gurus da qualidade

Existem alguns nomes importantes dentro dos estudos da qualidade que devem ser comentados, segundo Neto e Canuto (2010):

Walter Andrew Shewhart (1891-1967)

Engenheiro e PhD em física, foi o pioneiro do Controle Estatístico de Processos (CEP) e introduziu a ferramenta chamada **gráficos de controle estatístico de processos**. Esses gráficos têm duas finalidades principais: verificar se um processo está sob controle e se ele se mantém sob controle.

Shewhart também participou do desenvolvimento do ciclo PDCA (*Plan, Do, Check, Act*), o qual será estudado no Capítulo 3 deste livro.

Philip B. Crosby (1926-2001)

Defendeu a filosofia de que devemos fazer certo desde a primeira vez, sendo esta a premissa de seu programa, chamado **Zero defeito**. Crosby (1992), assim como William Edwards Deming, criou 14 princípios da qualidade.

Fundamentos da qualidade

Maria Thereza Bond

William Edwards Deming (1900-1993)

Estatístico, engenheiro elétrico e doutor em matemática e física, contribuiu para o desenvolvimento da qualidade no Japão. Em agradecimento a isso, foi agraciado pela designação do prêmio de qualidade: o *Prêmio Deming*. William consagrou a qualidade, condensando-a em **14 princípios** utilizados até hoje nas organizações.

Joseph M. Juran (1904-2008)

Assim como Deming, Juran também contribuiu para o progresso da qualidade no Japão. Propôs a trilogia **Planejamento, Controle e Melhoria da qualidade**, muito semelhante ao ciclo PDCA. Ele mostrou ao mundo a importância de se romper com as resistências diante das mudanças na busca da melhoria contínua.

Armand V. Feigenbaum (1922)

Expandiu a ideia de que a qualidade não é resultado de um esforço isolado, mas da participação de todos da organização. Sugeriu os conceitos de **Controle Total da Qualidade** e **Gestão da Qualidade Total**.

Kaoru Ishikawa (1915-1989)

Ishikawa sempre acreditou e pregou o conceito de **Qualidade Total**, o qual será melhor discutido no segundo capítulo deste livro. Ele via a qualidade em todos os seus aspectos, abrangendo as organizações como um todo. Criou **seis importantes princípios da qualidade**.

A contribuição desses estudiosos foi de grande valia, pois, por meio deles, surgiram grandes conceitos, filosofias e premissas da qualidade. Eles formaram a visão que temos hoje da qualidade e da melhoria contínua dentro das organizações e em nosso desenvolvimento profissional.

Fundamentos da qualidade

Maria Thereza Bond

Qualidade na área profissional

Em algumas áreas, sabemos que o que se presta ao cliente é serviço. Mas afinal, o que é *serviço*? Segundo Las Casas (2008), constitui-se em atos, ações e desempenho. Então, para que o profissional trabalhe com qualidade, ele deve se preocupar com seus atos, suas ações e seu desempenho. Esse autor ainda afirma que "o produto final de um serviço é sempre um sentimento" (Las Casas, 2008, p. 6). Essa frase nos faz pensar em qual é o sentimento que nossos clientes têm depois de prestarmos o serviço a eles. O cliente traz consigo uma determinada expectativa de como acha que será servido, portanto, para alcançar a qualidade, temos de ter em mente que cada cliente se satisfaz de uma maneira única, pois cada cliente é excepcionalmente único.

> Os serviços possuem dois componentes de qualidade: "O serviço propriamente dito e a forma como é percebido pelo cliente" (Las Casas, 2008, p. 6).

Imagine que você está organizando um evento, por exemplo, na sua cidade, e que irá convidar autoridades para assistir a uma palestra sobre um assunto de interesse público. Você planeja todos os detalhes e propõe-se a entregar, ao final do evento, um brinde surpresa para cada participante, juntamente com uma frase de impacto como forma de agradecimento. Os convidados participarão do evento e o analisarão de acordo com suas expectativas, muitas vezes baseadas em experiências anteriores. Quando eles receberem o brinde com a frase de impacto, com certeza serão surpreendidos e ficarão encantados com a iniciativa que você demonstrou. Veja que, para encantar ou surpreender um cliente, não são necessários muitos gastos nem muito esforço: depende muito do seu comprometimento e interesse em atendê-lo atenciosamente. É sentir que você se envolveu e se interessou de verdade pelos seus problemas e necessidades. É preciso ser sincero no ato de agradar e servir ao seu cliente.

É importante lembrarmos ainda que, em tudo o que fazemos, há indícios de qualidade, como, por exemplo, no capricho com o qual você faz um relatório, sem erros ortográficos e escrito de acordo com a norma padrão da língua. O seu cliente poderá gostar ou não do seu relatório, dependendo das expectativas que ele tenha sobre o que você está oferecendo. Temos que levar em conta sempre ambos os lados, por isso é muito importante que você conheça o seu cliente. Quanto mais você perceber do que ele gosta, como ele gosta, quais os aspectos que mais lhe chamam a atenção, o que mais o irrita, enfim, quanto mais você **perceber o seu cliente**, mais fácil será satisfazê-lo e, como consequência, realizar um trabalho de qualidade.

Las Casas (2008) comenta que a percepção é um critério muito importante na área da qualidade e, por isso, recomenda que seja dada uma especial atenção a esse assunto. A percepção possui alguns princípios. Vejamos:

Princípio da similaridade

Similaridade é quando nossa mente generaliza tudo o que nos é similar, semelhante. Por exemplo, um secretário foi contratado para trabalhar em uma empresa e fez um péssimo trabalho, não se comprometendo com prazos nem com qualidade. Esse secretário foi então demitido e, a partir desse fato, nunca mais a empresa desejou contratar secretários por pensar que os próximos fariam também um péssimo trabalho.

Princípio da proximidade

Proximidade é quando nossa percepção une o que, para nós, está próximo. Uma recepcionista foi admitida em uma empresa de grande porte e achou o trabalho muito estressante. Pediu demissão e nunca mais quis trabalhar em empresas de grande porte, achando que todas seriam estressantes.

Princípio da continuidade

O princípio da *continuidade* diz respeito a quando percebemos que uma coisa dá continuidade a outra, formando algo significativo. Por exemplo: quando entregamos nossos trabalhos sempre com antecedência, as pessoas começam a nos ver como aquele funcionário que sempre entrega tudo antes do prazo estimado; assim, quando alguém nos solicita algo, essa percepção de adiantamento está implícita no pedido, não precisando ser explicitada.

Esses princípios são importantes para compreendermos o motivo pelo qual, inúmeras vezes, um cliente gosta ou não do nosso trabalho, pois a qualidade é, na maioria das vezes, subjetiva e difícil de ser atendida, mas não impossível de ser alcançada.

Pequeno histórico da gestão da qualidade

É claro que sabemos que as organizações sempre tiveram interesse em se manter no mercado. No entanto, para que isso acontecesse, elas tiveram que se organizar internamente e procurar satisfazer a esse mercado. Foi por meio das exigências dele e da competitividade que as organizações buscaram a qualidade para se manterem ativas mercadologicamente.

Mostraremos, então, como a qualidade permeou as organizações e o mercado no decorrer dos anos.

A preocupação com a qualidade sempre existiu, basta imaginarmos a época em que os produtos eram feitos artesanalmente. O artesão preocupava-se em satisfazer as necessidades de seus clientes, confeccionando seus produtos mediante o que lhe era solicitado. Isso ocorreu antes da Revolução Industrial, numa época em que os artesãos se preocupavam essencialmente com o produto final e não com o processo, com a forma e a metodologia utilizada ao fazer o produto. Mas, por outro lado, o artesão conhecia o processo de desenvolvimento do produto do início ao fim e percebia a importância desse processo em seu trabalho.

Iniciou-se, então, a Revolução Industrial, a qual "é caracterizada por uma extraordinária expansão das atividades industriais e comerciais ocorrida na segunda metade do século XVIII" (Neto; Canuto, 2010, p. 7). Com o início dessa revolução, a preocupação com os desejos dos clientes foi minimizada. O principal interesse era pela massificação, ou seja, a venda de produtos iguais para um grande número de clientes. Um grande exemplo, segundo Carvalho e Paladini (2005), é a empresa automobilística Ford, que tornou o automóvel um utilitário popular ao dar condições de a população poder adquirir um carro, produzindo apenas um único modelo, o *Ford Bigode*, em uma única cor: a preta.

Com a Revolução Industrial, a produção passou a ser em massa, o que fez surgir uma preocupação: **agilizar cada vez mais a produção e diminuir custos e preços**. Assim, surgiu a mecanização, as linhas de montagem e, principalmente, a padronização de medidas. A qualidade passou a ser constantemente analisada, sempre se investigando o surgimento das falhas.

A forma como se utilizava a qualidade nesse contexto era basicamente por intermédio da **inspeção**, ou seja, verificava-se a qualidade dos produtos antes de serem entregues aos clientes. Segundo Neto e Canuto (2010), os produtos inadequados eram separados para retrabalho ou refugo, e isso dava a ideia de que, para se ter boa qualidade, era preciso "sacrificar" a quantidade de itens produzidos.

De acordo com Carvalho e Paladini (2005), foi em 1924 que alguns dos princípios da qualidade começaram a surgir, principalmente quando

Fundamentos da qualidade

Maria Thereza Bond

apareceram os gráficos de controle e a ideia do ciclo PDCA, o qual será visto no Capítulo 3 deste livro.

Em 1930, surgiram as técnicas de amostragem, as quais ajudaram a fazer inspeções não mais em 100% dos produtos, mas em amostras, o que reduziu em muito o tempo e o custo, ao ser implantados os processos de inspeção de qualidade. Conforme Neto e Canuto (2010, p. 160), "a amostragem era realizada em lotes de produto, que eram aceitos ou rejeitados conforme seu resultado".

Nessa mesma década, surgiram vários pensadores, como Elton Mayo, Maslow, McGregor e Herzberg, que contribuíram muito para a área de motivação e valorização humana nos processos produtivos. Isso refletiu na área da qualidade, gerando preocupação com as pessoas e com a qualidade de vida destas.

Na década de 1950, os Estados Unidos estavam totalmente envolvidos com questões ligadas à qualidade, o que fez aparecer vários modelos e ideias que viriam a contribuir para o amadurecimento dessa área. Com o fim da Segunda Guerra Mundial, surgiu, consequentemente, uma demanda reprimida por bens de consumo e, por outro lado, a oferta de capital e recursos naturais. Assim, as empresas praticamente se preocupavam apenas em suprir essa demanda, e isso era resolvido facilmente.

No outro lado do mundo, o Japão foi um dos países que mais sofreu com o impacto da Segunda Guerra Mundial. O país mantinha em seus produtos uma baixíssima qualidade e, em razão disso, não conseguia competir com o mercado internacional. Por consequência, não conseguia se recuperar financeiramente. Buscou, então, as ferramentas gerenciais utilizadas nos Estados Unidos, modificando seus critérios de qualidade e passando a se preocupar principalmente com o processo, pois se este fosse realizado de forma adequada, o produto, consequentemente, teria maior qualidade.

Dois importantes estudiosos da qualidade, os quais foram citados anteriormente neste livro, estiveram no Japão e criaram o **modelo japonês da qualidade**: William Edwards Deming e Joseph M. Juran. Deming aplicou o uso do controle da qualidade e realçou a importância da participação das pessoas nos processos e, também, da gerência na obtenção de resultados com qualidade.

Segundo Carvalho e Paladini (2005), ainda como influência do modelo japonês, surgiu Taiichi Ohno, idealizador do modelo Toyota de produção, também chamado de *lean production* ou, ainda, *Sistema Toyota de Produção* (STP). Ohno veio ao mundo ocidental mostrar aversão ao desperdício, opondo-se às práticas de inspeção e posicionando a responsabilidade da qualidade no executor da tarefa, e não no inspetor de qualidade.

Ainda conforme Carvalho e Paladini (2005), despontou também Kaoru Ishikawa, contribuindo com os Círculos de Controle de Qualidade (CCQ), os quais são muito utilizados nas organizações até os dias atuais. Surgiram também conceitos como o *Kaizen*, que prega a melhoria contínua como busca da perfeição, segundo seu criador, Maasaki Imai.

Fundamentos da qualidade

Maria Thereza Bond

Para a área da qualidade, surgiram também, na década de 1980, a *International Organization for Standardization* (ISO), a qual será tratada com mais afinco no Capítulo 4 deste livro, e o *Total Quality Control* (TQC – Controle Total da Qualidade), no qual a preocupação da organização com o cliente é o foco principal.

Na década de 1990, surgiu uma grande preocupação com a competitividade, o que fez nascer a *Total Quality Manegement* (TQM – Gestão da Qualidade Total), que será retratada no Capítulo 2 deste livro. Dentro desse conceito, as empresas devem manter a produção em massa a baixo custo, com preços competitivos e a satisfação total do cliente, focalizando no papel da gestão.

Para Carvalho e Paladini (2005), atualmente a qualidade mescla um pouco do que aprendemos com os artesãos e com a Revolução Industrial, ou seja, ela valoriza a customização dos produtos, aproximando-os do que o cliente espera, e, ao mesmo tempo, produz em grande quantidade. Concentra-se na importância do cliente e na **qualidade como um fator competitivo**.

Neto e Canuto (2010) mostram a qualidade atual apoiada no fator estratégico, ou seja, a qualidade é essencial para a competitividade das organizações, inclusive determinando sua permanência no mercado.

Esse breve relato histórico nos mostra que todas as contribuições para a construção e o desenvolvimento da gestão da qualidade ainda estão presentes nas organizações e que, segundo Neto e Canuto (2010), os princípios da qualidade devem beneficiar também a qualidade de vida dos gestores, dos governos e da sociedade em geral, como veremos no decorrer deste livro.

As eras da qualidade

Complementando o processo histórico relatado anteriormente, podemos utilizar as classificações criadas por David Garvin, citado por Carvalho e Paladini (2005). Garvin classifica a evolução da qualidade em quatro eras: *Inspeção, Controle Estatístico do Processo, Garantia da Qualidade* e *Gestão Total da Qualidade*, conforme nos mostra o Quadro 1.2.

Quadro 1.2 – Evolução da qualidade

Características básicas	Interesse principal	Visão da qualidade
Inspeção	Verificação.	Um problema a ser resolvido.
Controle Estatístico do Processo	Controle.	Um problema a ser resolvido.
Garantia da Qualidade	Coordenação.	Um problema a ser resolvido, mas que é enfrentado proativamente.
Gestão Total da Qualidade	Impacto estratégico.	Uma oportunidade de diferenciação da concorrência.

Fundamentos da qualidade

Maria Thereza Bond

Ênfase	Métodos	Papel dos profissionais da qualidade	Quem é o responsável pela qualidade
Uniformidade do produto.	Instrumentos de medição.	Inspeção, classificação, contagem, avaliação e reparo.	O departamento de inspeção.
Uniformidade do produto com menos inspeção.	Ferramentas e técnicas estatísticas.	Solução de problemas e aplicação de métodos estatísticos.	Os departamentos de fabricação e de engenharia (o controle de qualidade).
Toda cadeia de fabricação, desde o projeto até o mercado, e a contribuição de todos os grupos funcionais para impedir falhas de qualidade.	Programas e sistemas.	Planejamento, medição da qualidade e desenvolvimento de programas.	Todos os departamentos, com a alta administração se envolvendo superficialmente no planejamento e na execução das diretrizes da qualidade.
As necessidades do mercado e do cliente.	Planejamento estratégico, estabelecimento de objetivos e mobilização da organização.	Estabelecimento de metas, educação e treinamento, consultoria a outros departamentos e desenvolvimento de programas.	Todos na empresa, com a alta administração exercendo forte liderança.

Fonte: Adaptado de Garvin, citado por Carvalho; Paladini, 2005, p. 52.

Por meio dessas classificações e de seus principais aspectos, podemos perceber em quais fatores a qualidade estava alicerçada, a visão que se tinha desse processo, quais as ênfases que se davam aos produtos, quais os papéis que os profissionais de qualidade desempenhavam e, por fim, quem eram os responsáveis pela qualidade dentro das organizações. Percebemos, portanto, a evolução da qualidade e como ela se encontra atualmente.

Vantagens da qualidade

Conforme visto, a qualidade depende muito das necessidades do nosso cliente. Então, vamos pensar: Quem são nossos clientes? São todas as pessoas com as quais nos relacionamos diretamente entregando nossos serviços ou que nos procuram necessitando de nossos préstimos, sejam estas pessoas de dentro da empresa em que trabalhamos ou de fora dela.

Você deve prezar por qualidade em todas as suas tarefas, pensando sempre no que o seu cliente espera. Prazo, capricho, organização e proatividade são essenciais.

Podemos elencar algumas vantagens de se trabalhar com qualidade:

- Os seus clientes ficam mais satisfeitos com o serviço que recebem, e com isso, confiam em você e voltam a solicitar seus préstimos.
- Você consegue envolver um maior número de pessoas que desejam receber seus serviços.
- Você se transforma em um profissional de valor no mercado, tornando-se mais competitivo.
- O mercado torna-se mais atrativo para você, pois seu trabalho pode ser oferecido a outras organizações ou a outros projetos de trabalho, oportunizando seu crescimento profissional.

Fundamentos da qualidade

Maria Thereza Bond

- **Q**uando se faz algo com qualidade, os custos são menores, pois você não terá de refazê-lo e, por isso, não haverá retrabalho.
- **Q**uando seu trabalho está bem organizado e conquista um nível de qualidade satisfatório, sua produtividade aumenta, pois você tem mais tempo para realizar novas tarefas, mais estratégicas e menos operacionais.

Essas são as principais vantagens de se trabalhar com qualidade, que farão com que você se sinta mais motivado a utilizar as ferramentas de qualidade e as informações sobre **como administrar o estresse**, explanadas nos últimos capítulos deste livro.

Consequências da falta de qualidade

O profissional que não conquistar e mantiver um nível satisfatório de qualidade no seu dia a dia pode fazer com que isso resulte em consequências bastante significativas para sua carreira profissional. Vejamos a seguir.

- **U**ma vez que seu cliente perca a confiança em você, será extremamente difícil recuperá-la. É o mesmo quando vamos a uma loja e somos mal atendidos; dificilmente retornaremos à ela, pensando que seremos maltratados novamente. Portanto sua reputação e credibilidade deverão sempre ser preservadas ao máximo, mantidas diariamente por meio da sua ética profissional e de seu caráter.
- **S**e você não se preocupa com a qualidade de seus produtos, o padrão do seu trabalho não terá competitividade no mercado, ou seja, você será um profissional "barato", o qual não terá diferencial e dificilmente será disputado pelas empresas.

■ **A** falta de qualidade gera muitas reclamações e isso prejudica muito o andamento do trabalho, pois o profissional pode passar horas respondendo a reclamações ao invés de produzir novos serviços.

■ **A**s reclamações produzem desperdício de tempo, além do retrabalho que gera ao profissional. Todos perdem: o profissional de má qualidade, que não tem diferencial no mercado, e o cliente, que fica insatisfeito.

■ **C**om os desperdícios gerados pela falta de qualidade, surge o alto custo para a correção dos serviços de má qualidade.

Diante desses fatos, podemos ver que as consequências da falta de qualidade são bastante sérias, havendo necessidade, muitas vezes, de capacitação e desenvolvimento de pessoal para minimizar essas situações.

No próximo capítulo, entenderemos melhor o que é **qualidade total**, uma das mais novas tendências na área da qualidade e que nos mostra que existem certos princípios que devem ser adotados em todos os ambientes organizacionais e profissionais que realmente se preocupam com a melhoria contínua.

Síntese

A preocupação com a qualidade existe há muito tempo, mas, com o passar dos anos, essa área foi se fortalecendo, se transformando e se moldando conforme as necessidades de cada época e lugar. Por isso, neste capítulo, explanamos a definição da qualidade e apresentamos um pequeno histórico da sua gestão.

Além disso, mostramos as vantagens de se trabalhar com qualidade e as desvantagens da falta dela nas áreas profissionais. Você pôde perceber que a qualidade não está somente na venda dos produtos, mas também em prestações de serviço.

Fundamentos da qualidade

Maria Thereza Bond

O que até aqui foi exposto vem contribuir muito para que a qualidade seja aplicada na vida profissional, pois ela não deve ficar somente no discurso ou no papel, mas sim ser conquistada e mantida dia após dia pelos profissionais, a fim de alcançarem um excelente posicionamento no mercado de trabalho, e também contribuir para a imagem da sua classe profissional.

Questões para revisão

1 Porque é tão difícil definir *qualidade*?

2 O que Paladini (2011) quer dizer quando afirma que a falta de defeitos não significa possuir qualidade?

3 Em relação ao princípio da similaridade, marque a alternativa correta:

   a As pessoas costumam generalizar tudo o que tem alguma proximidade.

   b É quando as pessoas generalizam tudo o que é semelhante.

   c Esse princípio mostra similaridade em tudo que é contínuo.

   d O processo de significância é a base desse princípio.

   e Aplica a ética, o respeito e a diversidade no papel do profissional.

4 Marque a alternativa que completa o sentido da seguinte frase:

   No início da história da qualidade, na época da Revolução Industrial, para manter a qualidade, as organizações preocupavam-se com _____ e utilizavam como método os instrumentos de medição.

a O processo.

b O resultado.

c A inspeção.

d O controle.

e O investimento.

5 Marque a alternativa a seguir que retrata uma das consequências do não uso da qualidade:

a O profissional terá maior competitividade no mercado.

b O custo diminui.

c A produtividade aumenta.

d O retrabalho diminui.

e A confiabilidade e a reputação do profissional diminuem.

Questões para reflexão

1 O que é ter qualidade no cargo que você exerce atualmente na empresa em que trabalha?

2 Quando Las Casas (2008) afirma que "o produto final de um serviço é sempre um sentimento", qual sentimento você acha que desperta em seu cliente quando oferece um serviço de qualidade?

Fundamentos da qualidade

Maria Thereza Bond

Para saber mais

QUALITY POINT. Disponível em: <http://www.qualitypoint.com.br>. Acesso em: 23 abr. 2012.

Para obter mais informações sobre a área da qualidade e se aprofundar nesse assunto, acesse esse *site*. Nele, você poderá compartilhar suas ideias com outros interessados no assunto e conhecer as principais dificuldades e vantagens em trabalhar com qualidade.

2
Qualidade total

Conteúdos do capítulo

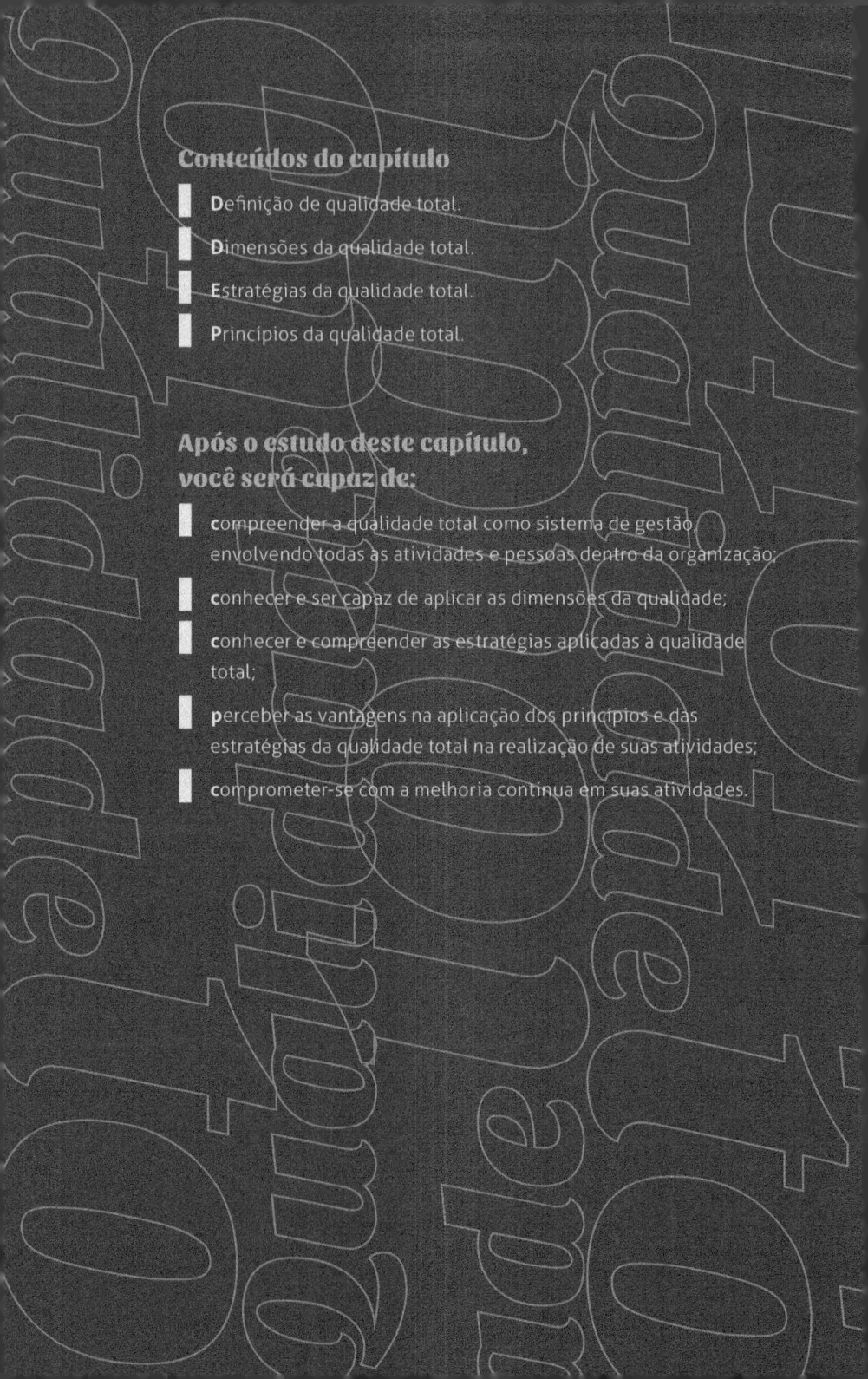

- **D**efinição de qualidade total.
- **D**imensões da qualidade total.
- **E**stratégias da qualidade total.
- **P**rincípios da qualidade total.

Após o estudo deste capítulo, você será capaz de:

- **c**ompreender a qualidade total como sistema de gestão, envolvendo todas as atividades e pessoas dentro da organização;
- **c**onhecer e ser capaz de aplicar as dimensões da qualidade;
- **c**onhecer e compreender as estratégias aplicadas à qualidade total;
- **p**erceber as vantagens na aplicação dos princípios e das estratégias da qualidade total na realização de suas atividades;
- **c**omprometer-se com a melhoria contínua em suas atividades.

Qualidade total

Angela Busse

A qualidade deve ser o objetivo de todas as áreas e de todas as pessoas dentro de uma organização, estejam estas inseridas ou não na empresa. Isto é, todos devem procurar realizar suas atividades e tarefas da melhor maneira possível, entregando aos clientes o melhor produto ou serviço, atendendo, assim, suas necessidades e expectativas.

Implementar a gestão da qualidade em uma organização demanda mudanças culturais e comportamentais, pois, mais do que simplesmente um processo, a gestão da qualidade é uma filosofia, e como tal exige nova postura, novas atitudes e desenvolvimento. Para que essas mudanças sejam possíveis e caminhem de forma padronizada e permanente, o comprometimento da alta administração é imprescindível, pois somente originando desses modelos de comportamento e aplicações dos princípios da qualidade é que se formará, mediante um efeito cascata, um processo em que estes serão praticados no dia a dia, até que se incorporem e façam parte da vida de cada profissional. Por conseguinte, o funcionário poderá transferir essas mudanças para sua vida pessoal, quando perceber os ganhos que se obtêm com a aplicação dos princípios da qualidade e a prática da melhoria contínua.

> Dentro da empresa, a qualidade tem a ver com o atendimento das necessidades do cliente externo e interno, em relação a produtos e serviços.

Nas organizações, em seus diversos cargos e atuações com clientes internos e externos, faz-se necessário o uso dos princípios e das ferramentas da qualidade para um desempenho que atenda às necessidades e expectativas desses clientes, proporcionando-lhes satisfação.

Definições

Uma empresa, para ter sucesso e sobreviver no mercado em que atua, necessita satisfazer as necessidades de todos os que estão envolvidos direta e indiretamente com ela (cliente externo e interno, acionistas, fornecedores etc.). Portanto, ela deve dispor de qualidade em todos os seus processos, procedimentos, produtos e serviços. Nesse contexto, temos o princípio da **qualidade total**, que coloca a qualidade como ponto focal dos negócios e das atividades da organização, disseminando-a entre todos os colaboradores por meio da internalização dos princípios da qualidade. Assim, a "qualidade total é um esforço conjunto, compromisso de todos e em todos os níveis, para adequar a estrutura e os processos à produção dos resultados previstos, que é a satisfação dos clientes internos e externos e à sua melhoria contínua" (Mezomo, 1995, p. 172).

Para uma organização atingir a qualidade total e, consequentemente, a satisfação das necessidades de todos os envolvidos, ela pode colocar em prática o Controle da Qualidade Total (TQC, em inglês *Total Quality Control*), um sistema de gerenciamento formulado por Armand Feigenbaum que, além de envolver a participação de todos os níveis da empresa, o faz buscando a motivação pessoal.

No TQC, temos o **T** significando "total envolvimento e comprometimento de todos", em todos os níveis hierárquicos; o **Q** de "qualidade", exprimindo o atendimento perfeito, de forma confiável, acessível, seguro e no tempo certo às necessidades do cliente; e o **C** de "controle, gerenciamento", em que todos na empresa, de forma harmônica e metódica, buscam a satisfação das necessidades dos clientes.

Qualidade total

Angela Busse

T de "**total envolvimento e comprometimento de todos**", em todos os níveis hierárquicos.

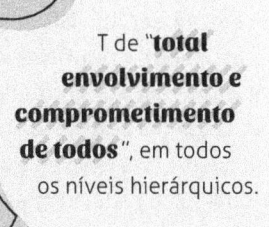

Q de "**qualidade**", exprimindo o atendimento perfeito, de forma confiável, acessível, seguro e no tempo certo às necessidades do cliente.

C de "**controle, gerenciamento**", em que todos na empresa, de forma harmônica e metódica, buscam a satisfação das necessidades dos clientes.

Podemos caracterizar como *cliente* o produto ou o serviço. Todas as ações no processo da qualidade total buscam atingir o cliente, isto é, aquele que irá usufruir do produto e/ou do serviço. Portanto, todas as atividades visam atingi-lo em suas necessidades; ao envolver-se com o produto e/ou serviço, estamos nos envolvendo com o próprio cliente.

Paladini (2009b) destaca ainda que a qualidade total só obterá sucesso quando for muito bem entendida, e isso envolve a implantação com base em decisões firmes e conscientes da alta administração, na prioridade absoluta a clientes, políticas e objetivos claros, na adesão e motivação de todos os elementos da organização, na melhoria contínua e na interação entre empresa e empregado.

Dimensões da qualidade total

A qualidade total é composta por algumas **dimensões**, segundo as quais o produto ou serviço pode ser avaliado. Em geral, para uma empresa é difícil ser forte em todas as dimensões, porém este deve ser o seu objetivo. Um produto ou serviço pode ser considerado satisfatório em uma ou mais dimensões, mas pode também ser insatisfatório em outras. Quem determina quais dimensões devem ser trabalhadas pela empresa é o cliente e a importância dada por ele a cada uma das dimensões.

Qualidade intrínseca do produto ou serviço

Refere-se às características inerentes ao produto ou serviço capazes de fornecer satisfação ao cliente. Vários aspectos são considerados: durabilidade, desempenho, características do produto ou serviço etc.

Qualidade total

Angela Busse

Qualidade atrativa

O cliente de hoje não se satisfaz apenas com a qualidade inerente ao produto, ele quer mais, e este *mais* se constituirá em **vantagem competitiva**. Qualidade atrativa é, portanto, todo aquele *algo a mais* que se agrega ao produto ou serviço, o qual é apreciado pelos clientes e, muitas vezes, faz a diferença.

No processo de aquisição de qualquer bem ou serviço temos a interação entre o cliente e o fornecedor, a qual acarreta numa constante avaliação por parte do consumidor. Dessa forma, algumas dimensões acabam sendo alvos dessa avaliação. Vejamos:

- **Competência**: Habilidades e conhecimentos dos funcionários para identificar corretamente as necessidades do cliente e atendê-las.

- **Atendimento/Atmosfera**: Refere-se ao nível de satisfação que o cliente experimenta ao participar do processo da compra de um produto ou adquirir um serviço. Envolve alguns elementos, tais como personalização, reconhecimento e atenção especial, cortesia, empatia, iluminação, limpeza etc.

- **Flexibilidade**: Capacidade de atender a solicitações inesperadas, mudança das necessidades ou emergências dos clientes.

- **Acesso**: Facilidade que o cliente tem de entrar em contato com a empresa. Vários aspectos podem facilitar ou dificultar o acesso dos clientes ao fornecedor, tais como estacionamento, horário de funcionamento, localização, disponibilidade de acesso telefônico e outros meios de contato, além do retorno das chamadas.

- **Custos**: Vão além do valor monetário pago pelo produto ou serviço. No custo estão incluídos todos os elementos que envolvem o desgaste do cliente para a obtenção do produto ou serviço.

Estratégias da qualidade total

Qualidade total é uma **estratégia organizacional** em que a qualidade é o foco de todas as ações da empresa, mediante um processo de melhoria contínua dos produtos e serviços.

Algumas estratégias serão necessárias para que se obtenha essa qualidade e se incremente o processo de melhoria contínua, sempre visando à satisfação plena dos clientes em relação aos produtos e serviços gerados pela empresa. Citamos a seguir algumas dessas estratégias.

A qualidade deve ser identificada pelo cliente: No processo de qualidade, a identificação das necessidades do cliente é imprescindível, da mesma maneira que a qualidade deve ser identificada pelo cliente.

A qualidade deve estar presente em todos os processos da empresa: Os produtos que uma empresa produz ou os serviços que oferece são resultados de muito trabalho, é o final de um processo. Portanto, para que o produto ou serviço seja de qualidade, todo o processo e todas as pessoas que nele se envolvem devem também estar envolvidos com a qualidade. Devem estar comprometidos, conscientes de que devem fazer o melhor, buscando atender as necessidades e expectativas dos clientes.

A qualidade exige compromisso total dos funcionários: Seguindo o mesmo caminho da estratégia anterior, para que a qualidade seja atingida, isto é, para que a satisfação do cliente seja alcançada, toda a equipe deve estar comprometida para o alcance da qualidade total. Nenhuma lacuna deverá existir, em termos de qualidade, no processo entre a aquisição do produto ou serviço e a

Qualidade total

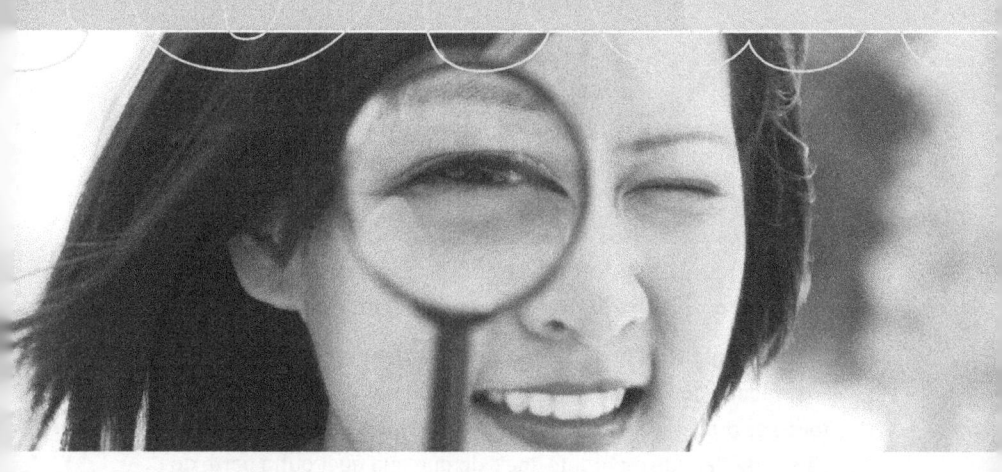

Angela Busse

constatação da satisfação do cliente, pois, se ocorrer alguma falha, esta comprometerá a qualidade final.

A qualidade exige parceiros de alta *performance*:
A empresa depende, muitas vezes, de fornecedores, colaboradores, acionistas, enfim, de parceiros que a ajudem em sua missão, no alcance de seus objetivos e, ao mesmo tempo, a manter-se no mercado. Esses parceiros devem estar em sintonia com a cultura da organização, no que se refere à qualidade e à busca pela melhoria contínua, pois a falta de qualidade de um deles pode comprometer e prejudicar todo o processo da qualidade.

A qualidade pode sempre ser melhorada: As empresas que atuam com a gestão da qualidade acreditam no processo de melhoria contínua. Acreditam que sempre se pode fazer melhor.

Qualidade sem custo maior: Ter qualidade não significa ter de aumentar o custo. Antigamente, a ideia era de que, para se atingir uma maior qualidade, haveria custos maiores e a produção seria demorada. Mas tudo depende do planejamento. Realizar as tarefas de forma correta na primeira vez envolve menos retrabalho e consertos, gerando, assim, menos custos.

Qualidade como diferencial: A qualidade deixou de ser um diferencial, pois todas as empresas estão buscando se inserir nesse processo. É o mercado e o consumidor que a exigem. Portanto, melhor qualidade não é vantagem competitiva. É necessário encontrar um **diferencial** dentro do processo de qualidade, oferecendo algo a mais, além da expectativa do cliente.

A qualidade não mascara o produto/serviço ruim: A qualidade deve fazer parte de toda a empresa, em relação a todos os processos e procedimentos, não só ao produto. Porém, vale salientar que o produto, mais do que qualquer outra parte do processo, é o que estará diretamente em contato com o cliente; portanto, é no produto final que a qualidade deve estar mais evidente.

Princípios da qualidade total

Um princípio é uma regra que é instituída como base para o alcance de algum objetivo. Assim sendo, os **princípios da qualidade total** são regras estabelecidas na operação de uma organização, visando melhorar seu desempenho, tendo como foco o cliente e atendendo as necessidades de todos os envolvidos.

Esses princípios deverão nortear a empresa e, para que isso ocorra, é necessário adotar novos valores e atitudes e inseri-los na cultura organizacional. Na relação da organização com seus clientes, esses princípios deverão estar sempre presentes.

Tais princípios foram desenvolvidos pelos seguintes "gurus" da qualidade: William Edward Deming, Joseph M. Juran, Phillip Crosby, Armand Feigenbaum e Kaoru Ishikawa (conforme citamos no Capítulo 1), sendo que

Qualidade total

Angela Busse

cada um desenvolveu metodologias próprias em relação à implantação de programas da qualidade total, e, portanto, princípios da qualidade também específicos à sua metodologia. Esses estudiosos trazem entre eles certa similaridade; sendo assim, apresentaremos a seguir os **dez princípios** mais significativos.

1º - Total satisfação dos clientes

A empresa precisa conhecer as necessidades de seus clientes e procurar atendê-las com a maior eficiência possível, buscando até a superação do esperado por eles. No prisma da qualidade total, o cliente deve ser percebido como o ponto de referência de todo o processo da empresa. A satisfação dele é o que mais importa e, mais do que isso, conhecer o que ele deseja é extremamente fundamental. É importante torná-lo fiel aos seus produtos e serviços, criando um relacionamento de fidelização.

2º - Gerência participativa

Os gestores devem delegar responsabilidades para os subordinados que estão devidamente preparados. Isso significa compartilhar informações, promover desenvolvimento e provocar atitudes por meio da confiança. Um vínculo maior de segurança entre as partes surge a partir do momento em que uma informação importante é compartilhada.

3º - Desenvolvimento de pessoas

A empresa, ao investir em capacitações e no desenvolvimento de seu pessoal, está investindo em seu maior e mais importante capital, que são as pessoas que nela trabalham. Quanto mais amadurecida for uma equipe de trabalho, mais fluirá a produtividade, a criatividade e a motivação, e o ambiente de trabalho se tornará mais prazeroso e saudável para todos.

4º - O propósito e as informações devem ser transparentes e coerentes

É necessário que se realize um planejamento bem estruturado e consistente, que alcance toda a empresa, e que haja o acompanhamento para garantir a sua manutenção.

5º - Melhoria contínua

Com a ocorrência de modificações constantes, provocando mudanças de costumes, de comportamentos e de necessidades, as empresas necessitam acompanhar e, muitas vezes, até antecipar essas mudanças para garantir a satisfação de seus clientes. Para poder evoluir do mesmo modo que todas essas mudanças, é importante que a empresa mantenha um aperfeiçoamento contínuo, a fim de que a qualidade sempre esteja presente. Quando se preocupa com a melhoria contínua, ela obtém um comportamento proativo em relação aos desejos dos seus clientes.

6º - Gerência de processos

A empresa deve estar integralmente envolvida com a gestão de processos, utilizando o conceito cliente-fornecedor, no qual cada funcionário é cliente e fornecedor ao mesmo tempo, fazendo com que se crie a integração dentro da empresa e promovendo uma comunicação mais ágil e eficaz.

Assim, se cada fornecedor priorizar a qualidade para satisfazer a seu cliente, os resultados sempre serão satisfatórios para a visão da qualidade total.

7º - Delegação

Delegar é atribuir responsabilidades mediante o potencial do colaborador e as capacitações que este possui. Essas capacitações, portanto, devem ser estimuladas e proporcionadas; do contrário, não será possível delegar

Qualidade total

Angela Busse

responsabilidades a quem não estiver preparado para acatá-las. Numa gestão participativa e de desenvolvimento de pessoas – dois princípios já abordados – teremos o contexto necessário para a prática da delegação.

A delegação é essencial para o comprometimento das pessoas e a motivação da equipe, pois uma gestão centralizadora, nesse contexto, só serviria para castrar e limitar o potencial criativo dos colaboradores.

8º - Disseminação de informações

Qualidade total significa uma comunicação transparente e ágil entre todos os envolvidos no processo de produção e distribuição, até chegar à satisfação do cliente. Portanto, o fluxo de informações deve ser adequado para que todos possam ter os conhecimentos necessários. Quanto mais a elaboração de objetivos e metas for compartilhada, maior será o comprometimento de todos.

9º - Garantia da qualidade

Obtém-se por meio de planejamento e sistematização, que indicam como as coisas devem acontecer dentro da empresa. Quanto maiores forem o registro e o controle do desenvolvimento da qualidade, mais fácil será mantê-la viva na cultura da empresa.

10º - "Zero defeito"

Para obter o "zero defeito", é necessário saber primeiramente o que é um defeito e qual é a forma correta de se fazer algo. É importante que isso seja levado em consideração, pois se o que é certo para um for errado para outro, então não existe padronização, e a qualidade nunca será alcançada. Uma vez estabelecido o padrão, os desvios podem e devem ser medidos para que se possa identificar as causas e corrigi-las, a fim de que um novo ciclo recomece sem desvios.

Síntese

Neste capítulo, tratamos sobre a qualidade total, ou seja, a qualidade como foco principal de uma organização, em todos os procedimentos, atividades, produtos, serviços e, principalmente, envolvendo as pessoas, mediante a conscientização e o comprometimento em **fazer o melhor**.

Para que a qualidade seja total e possa ser conferida e avaliada, algumas dimensões devem estar presentes nos produtos e serviços oferecidos pela empresa. Nesse sentido, tratamos a questão da qualidade intrínseca, que se refere às características inerentes ao produto ou serviço, capazes de fornecer satisfação ao cliente, como também sobre algumas dimensões dentro do enfoque da qualidade atrativa, que se constitui naquele "algo a mais" que se agrega ao produto ou serviço.

Em seguida, apresentamos algumas estratégias necessárias para que se obtenha a qualidade e se incremente o processo de melhoria contínua, sempre visando à satisfação plena dos clientes em relação aos produtos e serviços gerados pela empresa.

Por fim, tratamos sobre os dez princípios da qualidade total, que são os norteadores de todas as ações da empresa para que se atinja a qualidade e esta faça parte da cultura organizacional.

A relação dos diversos cargos com a qualidade total se destaca a partir do momento em que cada função tem a sua importância dentro do contexto organizacional, com suas atividades e procedimentos atendendo às necessidades dos clientes internos e externos. Quanto mais o colaborador souber sobre as necessidades e expectativas de seu cliente, mais procurará adequar seus procedimentos a elas, podendo até superá-las. Entregando um serviço com maior qualidade, que encante o cliente além do esperado, seu relacionamento se firmará com este e seu trabalho sempre será lembrado.

Qualidade total

Angela Busse

Questões para revisão

1 Das alternativas a seguir, identifique aquelas que refletem afirmações corretas sobre qualidade:

a Deve ser o objetivo de todas as áreas e pessoas dentro de uma organização.

b Tem a ver com o atendimento das necessidades do cliente externo e interno, em relação a produtos e serviços.

c A implementação não exige o comprometimento da alta administração.

d A implementação exige mudanças culturais e comportamentais.

2 Identifique a alternativa que apresenta dimensões da qualidade que se referem à interação entre o cliente e o fornecedor, no tocante a avaliação que este faz a respeito dessa relação:

a Aparência, competência, custo e característica do produto.

b Ausência de defeitos, flexibilidade, custo e acesso.

c Competência, atendimento, flexibilidade e acesso.

d Competência, previsibilidade, adequação ao uso e acesso.

3 Cite e faça comentários sobre as três estratégias da qualidade total.

4 Assinale a alternativa que apresenta o princípio da qualidade refletido na seguinte colocação:

"É preciso criar a cultura da participação e passar as informações necessárias aos empregados" (Qualidade total, 2012). Um vínculo maior de confiança entre as partes surge a partir do momento em que uma informação importante é compartilhada.

a Delegação.

b Gerência participativa.

c Disseminação de informações.

d Melhoria contínua.

5 Quais as consequências de os colaboradores apresentarem trabalhos com qualidade a seus clientes?

Questão para reflexão

1 Como podemos a cada dia fazer o nosso trabalho ser melhor, atendendo aos princípios e às estratégias da qualidade?

Para saber mais

Para você saber mais sobre qualidade e qualidade total, acesse:

FERRAMENTAS da qualidade: Filme 2 – técnicas, metodologia, aplicação. **CastTV**, 14 maio 2009. 54 min. Disponível em: <http://www.casttv.com/video/5y10wx/ferramentas-da-qualidade-filme-2-tcnicas-metodologia-aplicao-54min-video>. Acesso em: 26 abr. 2012.

Qualidade total

Angela Busse

GESTÃO pela qualidade total: filme 1 – fundamentos básicos da qualidade total. **CastTV**, 14 maio 2009. 45 min. Disponível em: <http://www.casttv.com/video/w36n2b1/gesto-pela-qualidade-total-filme-1-fundamentos-basicos-da-qualidade-total-45-min-video>. Acesso em: 26 abr. 2012.

OFICINA DE RH. **Vídeos para treinamento**: qualidade total. 8 mar. 2009. Disponível em: <http://oficinaderh.blogspot.com/2009/03/videos-para-treinamento-qualidade-total.html>. Acesso em: 23 abr. 2012.

Nesses endereços você obterá maiores informações sobre a questão da **qualidade**.

3
Ferramentas para o aprimoramento da qualidade

Conteúdos do capítulo

- **P**DCA: definição, aplicação e ferramentas da qualidade.
- **F**luxograma: definição, objetivo, simbologia, aplicação e vantagens.
- *B*rainstorming: definição, objetivo, aplicação e vantagens.
- **G**UT (Gravidade, urgência e tendência): definição, objetivo, aplicação e vantagens.
- **D**iagrama de causa e efeito: definição, objetivo, aplicação e vantagens.
- **F**olha de verificação ou *check-list*: definição, objetivo, aplicação e vantagens.
- **5**Ws e 2Hs: definição, objetivo, aplicação e vantagens.

Após o estudo deste capítulo, você será capaz de:

- conhecer e aplicar o PDCA;
- conhecer e aplicar o fluxograma;
- conhecer e aplicar o *brainstorming*;
- conhecer e aplicar o diagrama de causa e efeito;
- conhecer e aplicar a folha de verificação ou *check-list*;
- conhecer e aplicar o 5Ws e 2Hs.

Ferramentas para o aprimoramento da qualidade

Maria Thereza Bond

A qualidade em produtos e serviços está sendo primordial para que as empresas obtenham vantagens competitivas no mercado. É notório que os clientes prezem e escolham as empresas que correspondem aos novos paradigmas da gestão empresarial, ou seja, aquelas que priorizam o atendimento às necessidades dos clientes, que utilizam uma abordagem sistêmica, que trabalham verdadeiramente como uma equipe e que monitoram constantemente o desempenho dos seus processos (Oliveira, 1996).

PDCA (Plan, Do, Check, Act)

Para compreender o ciclo PDCA, é necessário que conheçamos antes os conceitos de método e processos. Segundo Campos (2004, p. 33), "Método é uma palavra de origem grega e é a soma das palavras META (que significa 'além de') e HODOS (que significa 'caminho')." Portanto, *método* é uma forma de alcançarmos algo além do caminho que todos conhecemos. O método do ciclo PDCA é uma maneira de praticarmos o controle dos processos.

Campos (2004, p. 19) também relata que "processo é um conjunto de causas (que provoca um ou mais efeitos)", e que "o controle de processo é a essência do gerenciamento em todos os níveis hierárquicos da empresa".

O PDCA é conhecido como um círculo da qualidade. Ele é muito utilizado nas empresas e pode também ser aplicado na vida pessoal. Por auxiliar no controle de processos, ele tem como objetivo a melhoria contínua.

Definição

O ciclo PDCA auxilia no controle de processo e tem o seguinte significado, segundo Campos (2004):

P – Planejamento (*Plan*): É a fase em que se inicia um processo. É quando se planejam as metas, os objetivos, o método a ser utilizado e se estabelecem os recursos que serão necessários. Enfim, o planejamento é a base de todos os outros itens do ciclo PDCA, é a diretriz de controle.

D – Desenvolvimento (*Do*): É a fase em que se realiza o que foi planejado, sempre seguindo o que foi preestabelecido.

C – Verificação (*Check*): Nesse momento, verifica-se tudo o que foi executado e compara-se o resultado ao que se esperava no momento do planejamento.

A – Ações corretivas (*Act*): esta fase é muito importante, pois sua função é corrigir as não conformidades que surgiram na fase anterior, de modo que não ocorra reincidência. Pode-se, aqui, analisar se o problema surgiu na fase de planejamento, na fase de desenvolvimento ou na fase de verificação.

> Com o ciclo completo, reinicia-se o processo, até que se atinja o máximo da qualidade.

Complementando o conceito do PDCA, Seleme e Stadler (2008, p. 26) nos mostram como o ciclo está direcionado à melhoria contínua:

"**P**lanejar – determinar objetivos e metas, determinar os métodos para alcançar os objetivos;

Fazer – executar o trabalho, engajar-se em educação e treinamento;

Verificar – averiguar os efeitos e a execução;

Ação – agir apropriadamente".

Ferramentas para o aprimoramento da qualidade

Maria Thereza Bond

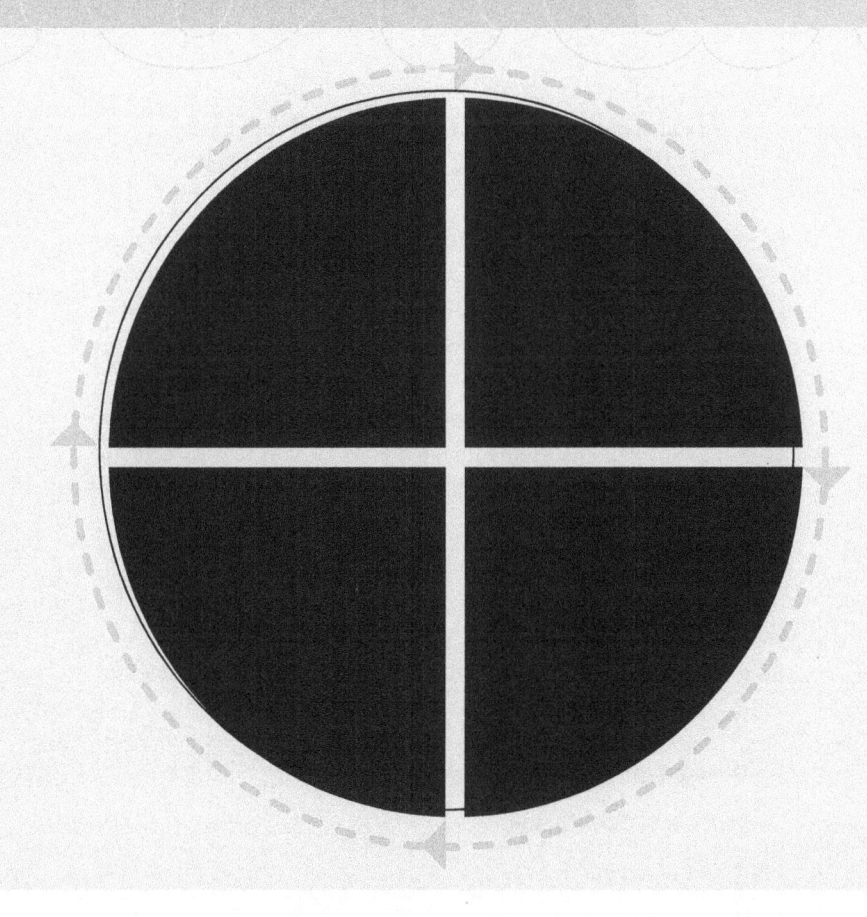

O ciclo PDCA é utilizado geralmente quando o processo é padronizado, ou seja, é sempre realizado da mesma forma. Nesse sentido, a cada ação corretiva executada, melhor será seu processo, ou, ainda, no caso de as metas serem padronizadas, como quando, por exemplo, você quer alcançar um determinado índice, então se utiliza do PDCA para chegar cada vez mais perto do desejado, corrigindo as imperfeições.

Ele pode, portanto, ser utilizado tanto para manutenção da qualidade quanto para obtenção de melhorias.

Um exemplo de aplicação do PDCA: área de secretariado

O PDCA pode ser utilizado em qualquer área e por qualquer pessoa. Na área de secretariado, por exemplo, o PDCA pode ser uma excelente ferramenta, pois estimula o aperfeiçoamento contínuo e promove o planejamento e o *feedback*, dois processos muito importantes durante um trabalho e que nem sempre são lembrados.

A área de secretariado, a qual será utilizada como exemplo para a aplicação do PDCA, exige planejamento em muitas de suas tarefas, como na organização de um evento ou em uma viagem. Vamos exemplificar melhor.

Tarefa: organizar uma palestra

PLAN – Planejamento

Perguntas que devem ser feitas durante o período do planejamento:

- Qual o objetivo da palestra?
- Quanto capital temos para investir na palestra?
- Quem será o palestrante?
- Quem será o público-alvo?
- Onde será o local da palestra?
- Quantas pessoas cabem nesse local?
- Quais os recursos de apoio necessários?
- Como o público-alvo será convidado?
- Qual será a data da palestra?
- Quanto tempo terá a palestra?

DO – Execução

É o momento da palestra em si.

CHECK – Verificação

Após a palestra, pode ser entregue aos convidados uma **pesquisa de satisfação** para receber um *feedback* dos aspectos fortes e fracos do evento.

A verificação pode também ser realizada por meio da reflexão e da análise do que foi almejado e do que foi alcançado. Caso haja alguma discrepância entre as duas realidades, algo não foi realizado de forma satisfatória. Deve haver nesse momento uma análise crítica das não conformidades: se elas foram oriundas de um mau planejamento ou de problemas decorrentes durante a execução.

ACT – Ação corretiva

Na ação corretiva, o profissional deve analisar o *feedback* realizado, a análise crítica feita sobre a execução da tarefa e seus resultados e, assim, refazer seu planejamento, para que, na próxima palestra, seguindo o exemplo, a execução ocorra com um menor número de não conformidades e o resultado seja satisfatório e mais próximo do desejado.

Dessa forma, o PDCA servirá como aprimoramento e melhoria das tarefas, até que seja alcançado um padrão de resultado eficaz e este seja utilizado para manter a qualidade.

Ferramentas da qualidade

Não é tão simples obter a qualidade em uma empresa, em seu mais amplo sentido, por ser este um contexto bastante complexo. Além disso, existem também as dificuldades na manutenção da qualidade alcançada.

Muitas empresas conquistam a qualidade em determinado momento, porém, perdem-na por não haver uma continuidade em seu propósito, com o auxílio de uma análise e de um controle da qualidade existente.

Para que isso não ocorra, podemos aplicar algumas **ferramentas da qualidade**, que possuem os seguintes objetivos, segundo Oliveira (1996):

Facilitar a visualização e o entendimento dos problemas.

Sintetizar o conhecimento e as conclusões.

Desenvolver a criatividade.

Permitir o conhecimento do processo.

Fornecer elementos para o monitoramento dos processos.

As ferramentas citadas podem ser utilizadas em muitos momentos e por diversas pessoas na empresa. Elas podem auxiliar em reuniões administrativas ou em reuniões na área operacional, assim como ajudar o colaborador a organizar seu próprio trabalho ou os gerentes a organizarem os diversos setores. Podem, inclusive, ser utilizadas para a organização da vida pessoal e profissional de qualquer indivíduo.

Fluxograma

Definição

O fluxograma demonstra a sequência de um trabalho desenvolvido passo a passo, explicitando momentos de decisões. "É a representação gráfica destinada ao registro das diversas etapas que constituem um determinado processo, facilitando sua visualização e análise" (Oliveira, 1996, p. 26).

Ferramentas para o aprimoramento da qualidade

Maria Thereza Bond

Objetivo

Essa ferramenta tem como objetivo principal analisar um processo, a fim de se perceber, por exemplo, os fatores burocráticos e o tempo para se realizar cada tarefa.

O fluxograma pode ser usado em todo PDCA, como também no estabelecimento de projetos, na identificação das causas de um problema, na avaliação e na implementação de soluções.

Simbologia

Os símbolos são amplamente utilizados pela sua clareza e simplicidade. Porém, são limitados, quando se necessita de uma explicação mais detalhada do processo. Vejamos as figuras a seguir:

Retângulo

Símbolo de **atividade**: Simboliza a execução de uma tarefa ou de um passo no processo.

Losango

Símbolo de **decisão**: Indica o momento em que uma decisão deve ser tomada.

Círculo

Símbolo de **início** ou **fim**: Significa o início ou o fim de um processo.

Setas

Símbolos de **direção**: Indicam o fluxo, a direção em que o processo se realiza.

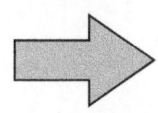

Esses símbolos são os mais utilizados, porém existem outros que podem servir como informação em um fluxograma. Os símbolos têm como objetivo substituir a descrição verbal de cada etapa de um processo, facilitando a compreensão de quem o analisa.

Como aplicar o fluxograma

Inicialmente, a pessoa que deseja se utilizar dessa ferramenta deve pensar em que ela pode ser útil, ou seja, para que será utilizada. Em um segundo momento, deve-se determinar quais serão o início e o final do processo, a fim de considerar o que exatamente pretende-se abordar.

Posteriormente, utilizam-se os símbolos para representar cada etapa, pensando sempre em como será a sequência da atividade, passo a passo. É necessário sempre revisar todo o processo para verificar se não houve nenhum esquecimento, até que o fluxograma esteja perfeitamente completo.

Para finalizar, a etapa mais importante é que a função do fluxograma seja cumprida, ou seja, que sejam discutidas todas as informações nele contidas.

Segundo Oliveira (1996), o fluxograma pode ser utilizado dentro do mesmo setor (fluxograma básico) ou abrangendo vários setores que mantêm uma ligação (fluxograma matricial). Ele auxilia a perceber as áreas que estão mais sobrecarregadas de tarefas.

Vejamos então como podemos aplicar o fluxograma, por exemplo, na área de secretariado.

Ferramentas para o aprimoramento da qualidade

Maria Thereza Bond

Exemplo de fluxograma básico

Atividade: Atendimento telefônico

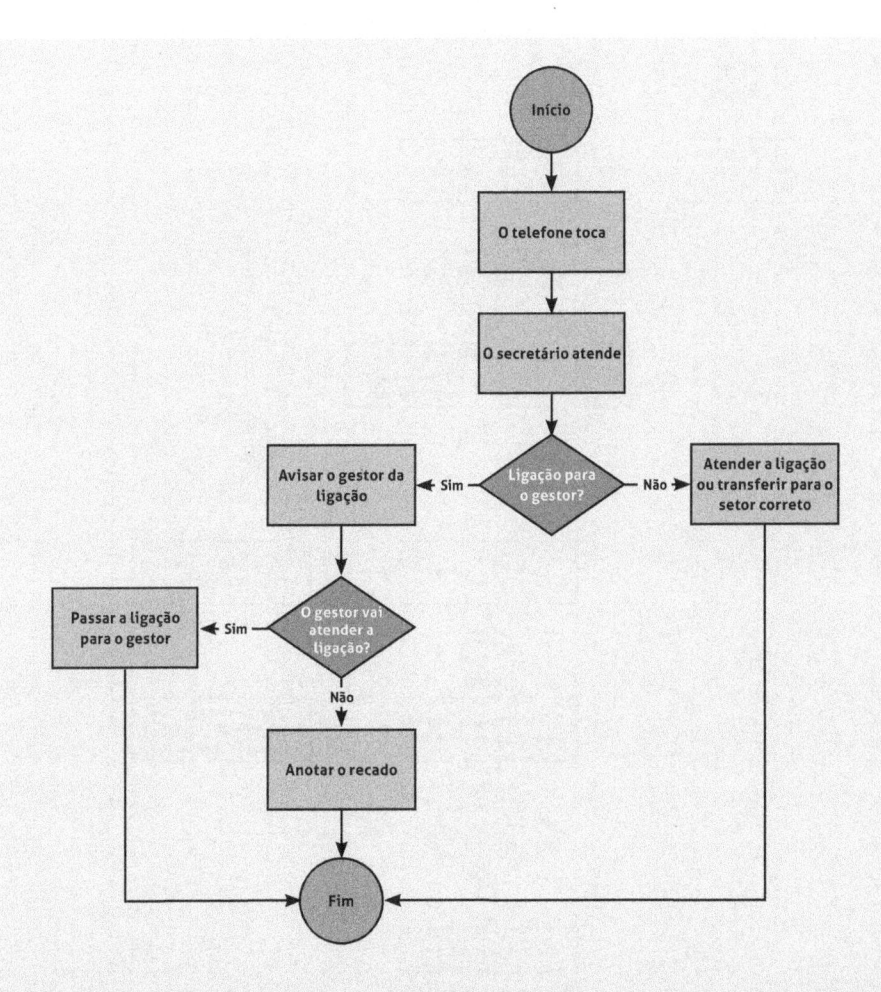

```
                    Início
                      │
                      ▼
              O telefone toca
                      │
                      ▼
             O secretário atende
                      │
                      ▼
                ╱ Ligação para ╲
  Avisar o gestor ◄── Sim ──╲ o gestor? ╱── Não ──► Atender a ligação
  da ligação                  ╲       ╱              ou transferir para o
      │                                               setor correto
      ▼                                                     │
                  ╱ O gestor vai ╲                           │
  Passar a ligação ◄── Sim ──╲ atender a ╱                  │
  para o gestor                ╲ ligação? ╱                  │
      │                           │                          │
      │                          Não                         │
      │                           │                          │
      │                           ▼                          │
      │                   Anotar o recado                    │
      │                           │                          │
      ▼                           ▼                          │
              ─────────────► Fim ◄─────────────────────────
```

Exemplo de fluxograma matricial

Atividade: Convocação de uma reunião

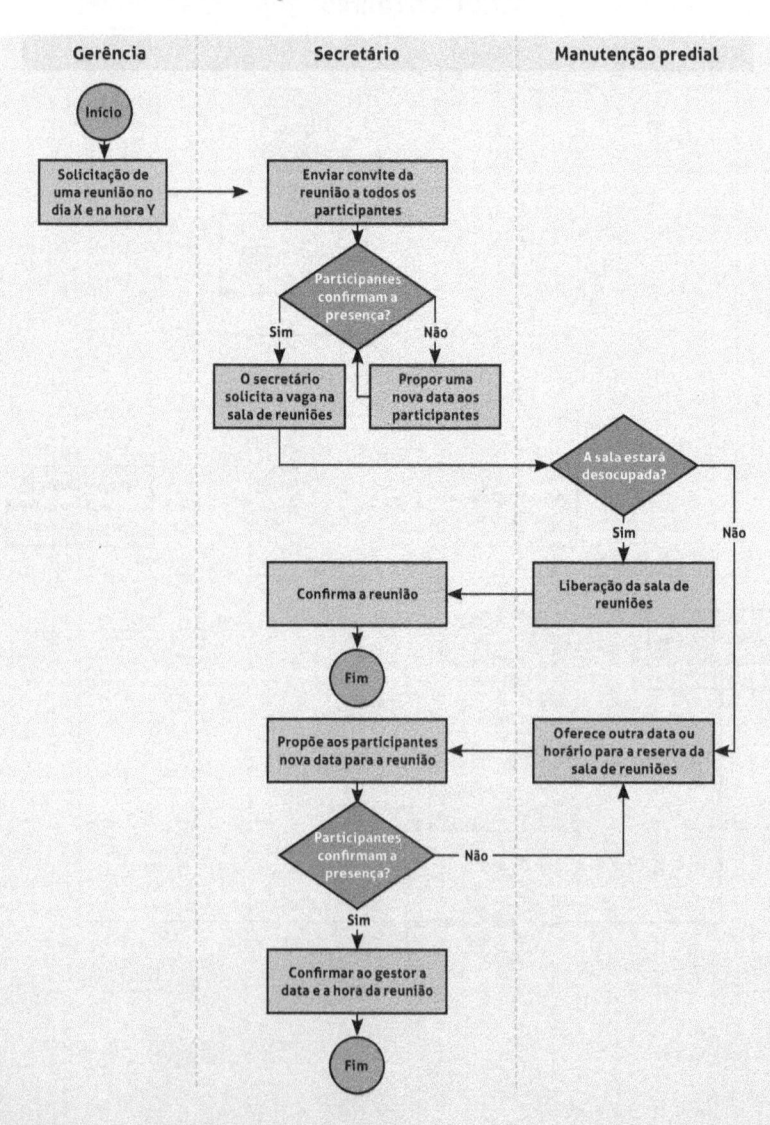

Gerência	Secretário	Manutenção predial
Início		
Solicitação de uma reunião no dia X e na hora Y	Enviar convite da reunião a todos os participantes	
	Participantes confirmam a presença?	
	Sim → O secretário solicita a vaga na sala de reuniões	
	Não → Propor uma nova data aos participantes	
		A sala estará desocupada?
Confirma a reunião		Sim → Liberação da sala de reuniões
Fim		
	Propõe aos participantes nova data para a reunião	Não → Oferece outra data ou horário para a reserva da sala de reuniões
	Participantes confirmam a presença?	
	Não → (volta para Oferece outra data)	
	Sim ↓	
	Confirmar ao gestor a data e a hora da reunião	
	Fim	

Diante desses exemplos, podemos perceber que o fluxograma nos mostra um processo por inteiro e as áreas que estão envolvidas nele.

Vantagens do fluxograma

A principal vantagem do fluxograma é que ele oferece uma visão panorâmica de um processo. Além disso, essa visão ampla pode ser demonstrada para um cliente ou para verificar desvios nos processos, excesso de burocracia etc.

As vantagens advêm da utilização de uma linguagem padrão, que são os símbolos, sendo facilmente compreendidos por todos.

Brainstorming

Definição

Na língua portuguesa, *brainstorming* significa "tempestade de ideias", ou seja, é uma técnica que oportuniza aos colaboradores participarem de modo ativo na empresa, contribuindo com sugestões de melhorias ou soluções sobre algum assunto que se deseja discutir.

Segundo Oliveira (1996), a definição de *brainstorming* é: "Processo destinado à geração de ideias/sugestões criativas, possibilitando ultrapassar os limites/paradigmas dos membros da equipe".

Objetivo

O *brainstorming* tem o objetivo de alcançar uma ideia que talvez não surgisse se dependesse da criatividade e iniciativa de cada um, mas que coletivamente, por meio da associação de pensamentos, torna-se visível com mais facilidade. Incentiva, em uma equipe de trabalho, a fluência de muitas ideias, flexibilizando-as, ou seja, colaborando com a união das ideias de diferentes níveis de abrangência, a originalidade e a percepção crítica, bem como com a perda do medo de errar, que muitos colaboradores apresentam diante de um questionamento (Oliveira, 1996).

Como aplicar o *brainstorming*

A aplicação do *brainstorming* deve seguir alguns critérios, como, por exemplo, não criticar ideias dos demais, deixar a imaginação fluir à vontade e aperfeiçoar as ideias dos outros. Não se deve conceder privilégios aos participantes, pois todos devem ter a mesma oportunidade. É importante também tentar fugir das concepções convencionais e, principalmente, deixar claro para todos os participantes que o *brainstorming* não é um debate, portanto, não deve haver discussão durante a sessão. Ela surgirá posteriormente.

A aplicação do *brainstorming* pode seguir os seguintes passos:

Primeiramente, deve-se definir o que se deseja discutir, ou seja, o problema.

Posteriormente, inicia-se a exposição das ideias. Pode ser de forma estruturada, em que cada participante contribui quando for sua vez de falar, seguindo uma sequência lógica, ou de forma desestruturada, em que cada colaborador que deseja dar sua ideia, por exemplo, levanta a mão e sugere. Nesse caso, nem todos precisam participar.

O líder do grupo ou o organizador do *brainstorming* deve registrar todas as ideias – sem alterá-las – em um quadro no qual todos os participantes possam visualizar facilmente. Mediante as ideias escritas é que irão surgir outras novas, por meio da associação daquelas.

Após todos terem participado ou terem se esgotado as sugestões, o líder analisa todas as ideias, riscando as repetidas, anulando as consideradas inviáveis, enfim, faz-se uma análise de todos os registros e selecionam-se as melhores concepções ou as mais viáveis.

Seleme e Stadler (2008) propõem uma sequência de passos do *brainstorming* similar a que descrevemos, conforme o quadro a seguir:

Quadro 3.1 – Passo a passo para o *brainstorming*

FASE	PASSO	DESCRIÇÃO
1	1	Escolhe-se um facilitador para o processo que definirá o objetivo.
	2	Formam-se grupos de até dez pessoas.
	3	Escolhe-se um lugar estimulante para a geração de ideias.
	4	Os participantes terão um prazo de até dez minutos para fornecer suas ideias, que não devem ser censuradas.
2	5	As ideias deverão ser consideradas e revisadas, disseminando-se entre os participantes.
	6	O facilitador deverá registrar as ideias em local visível (quadro, cartaz etc.), esclarecendo novamente o propósito.
3	7	Deverão ser eliminadas as ideias duplicadas.
	8	Deverão ser eliminadas as ideias fora do propósito delimitado.
	9	Das ideias restantes, devem ser selecionadas aquelas mais viáveis (se possível, por consenso entre os participantes).

Fonte: Seleme; Stadler, 1998, p. 56.

Baseando-se nos resultados do *brainstorming*, pode-se aplicar a ferramenta GUT ou a ferramenta 5Ws e 2Hs, para priorizar as ideias e, principalmente, para responsabilizar quem irá colocar a solução em prática.

Toda e qualquer ferramenta só terá validade e eficácia se forem colocados em prática os seus resultados.

Vantagens do *brainstorming*

O *brainstorming* é uma ferramenta de fácil aplicação, embora tenhamos que ter certos cuidados para que não se torne um debate e perca o seu foco. Além disso, é uma ferramenta que desperta a criatividade e a participação dos colaboradores. Por meio dessa ferramenta, obtêm-se muitas ideias criativas e inovadoras.

GUT – Gravidade, urgência e tendência

Definição

GUT é a sigla para *gravidade*, *urgência* e *tendência*. São parâmetros tomados para se estabelecer prioridades na eliminação de problemas, especialmente se forem vários e relacionados entre si (Senai, 2001).

Objetivo

O GUT é uma ferramenta que tem como objetivo saber a gravidade de um problema diante de um contexto, com qual urgência esse problema deve ser resolvido e qual a tendência de a situação piorar, no caso de não ser tomada nenhuma providência para sanar o problema em questão.

É utilizado principalmente para priorizar a solução de problemas, quando existem várias questões para serem resolvidas. Por meio do GUT é obtida a questão que deve ser solucionada ou trabalhada em primeiro lugar.

Como aplicar o GUT

Para se aplicar o GUT, deve-se ter em mãos um quadro-padrão que servirá como base para identificar qual problema possui maior gravidade, urgência e tendência, como o apresentado seguir:

Quadro 3.2 – Quadro base para identificação do problema

Valor	G – Gravidade	U – Urgência	T – Tendência	G×U×T
5	Os prejuízos ou as dificuldades são extremamente graves.	É necessária uma ação imediata.	Se nada for feito, a situação irá piorar rapidamente.	
4	Muito grave.	Com alguma urgência.	Vai piorar em pouco tempo.	
3	Grave.	O mais cedo possível.	Vai piorar a médio prazo	
2	Pouco grave.	Pode esperar um pouco.	Vai piorar a longo prazo.	
1	Sem gravidade.	Não tem pressa.	Não vai piorar e pode até melhorar.	

Fonte: Senai, 2001, p. 23.

Em seguida, desenvolve-se um quadro, conforme o que segue, para colocar o problema que está em questão:

Quadro 3.3 – Quadro modelo para aplicação do GUT

Problema	G	U	T	G×U×T

Fonte: Senai, 2002.

Na coluna **Problema**, coloca-se de três a cinco problemas que você deseja descobrir qual deverá ser resolvido primeiro. Para cada problema, devem ser analisados, conforme o Quadro 3.2, o nível da sua gravidade, o nível de urgência e o nível de tendência. Na última coluna, devem-se multiplicar os números colocados nas colunas G, U e T. Finalmente, comparam-se os resultados: o maior resultado será aquele que deverá ser resolvido em primeira instância.

Seleme e Stadler (2008) também oferecem um exemplo de quadro de identificação de problema:

Quadro 3.4 – Problema: Atendimento ao cliente

PROBLEMA	G	U	T	G×U×T
Tempo de atendimento muito elevado.	2	3	4	24
Falta de motivação dos atendentes.	3	5	3	45
Informações contraditórias fornecidas pelos atendentes, causando demoras.	4	4	3	48
Má qualificação dos atendentes.	5	5	3	75
Informações incompletas fornecidas pelo cliente que impedem o atendimento.	1	1	2	2

Fonte: Seleme; Stadler, 2008, p. 103.

Sugerimos abaixo, um exemplo do uso do quadro GUT:

Quadro 3.5 – Quadro GUT

PROBLEMA	G	U	T	G×U×T
Solicitação de agendamento de reuniões muito em cima da hora.	3	4	1	12
Não participação em todas as reuniões da diretoria.	2	3	3	18
Má definição do papel do profissional.	5	4	3	60
Solicitação de tarefas de cunho particular do diretor.	3	2	1	6
Falta de arquivos no setor.	3	2	5	30

Podemos perceber nesse exemplo que o problema sobre a definição do papel do profissional deveria ter sido resolvido primeiramente.

Vantagens do GUT

A ferramenta GUT tem como principal vantagem a visualização rápida do ponto em que temos que começar a resolver nossos problemas. A ferramenta os prioriza e, com isso, facilita a visualização do problema principal e dos demais, em uma escala de prioridade.

Diagrama de causa e efeito

Definição

"O diagrama de causa e efeito é uma representação gráfica que permite a organização das informações, possibilitando a identificação das possíveis causas de um determinado problema ou efeito" (Oliveira, 1996, p. 29). Ele é uma forma de colocarmos no papel e visualizarmos as possíveis causas de um problema. Esse problema é considerado o efeito das causas levantadas.

Objetivo

O diagrama de causa e efeito tem o objetivo de identificar a relação entre o efeito e suas possíveis causas. É, na verdade, uma forma de relacionar todas as causas possíveis, que potencialmente contribuem para um determinado efeito.

Como aplicar o diagrama de causa e efeito

O diagrama pode ser utilizado, por exemplo, quando se deseja identificar possíveis causas de insatisfação de clientes, na análise de algum problema ou, simplesmente, para perceber as causas de um efeito, mesmo que positivo.

Inicialmente, deve-se definir o problema a ser analisado, ou seja, identificar o efeito ou o sintoma que evidencia que algo deve ser modificado. Depois, reproduz-se um diagrama em forma de espinha de peixe: na parte representada pela cabeça do peixe, escreve-se o efeito e, nas suas espinhas, as possíveis causas.

Na extremidade de cada espinha, estipula-se os **6M's: material, mão de obra, método, máquina, medida e meio ambiente**.

Seleme e Stadler (2008) especificam melhor os 6M's:

- Materiais – em relação a sua uniformidade, padrão etc.
- Mão de obra – padrão da mão de obra utilizada, se é treinada, se tem habilidades, se é qualificada.
- Método – a forma como serão desenvolvidas as ações.
- Máquina – operacionalização do equipamento e seu funcionamento adequado.

Ferramentas para o aprimoramento da qualidade

Maria Thereza Bond

Medida – de que forma os valores, como distância, tempo, temperatura etc., são representados.

Meio ambiente – infraestrutura.

Finalmente, o aplicador dessa ferramenta questiona-se: Quais causas relacionadas aos materiais poderiam causar esse efeito? Quais causas relacionadas à mão de obra poderiam causar esse efeito? E assim por diante, até completar os 6M's.

O diagrama espinha de peixe pode ser representado da seguinte forma:

Figura 3.1 – Modelo de diagrama espinha de peixe

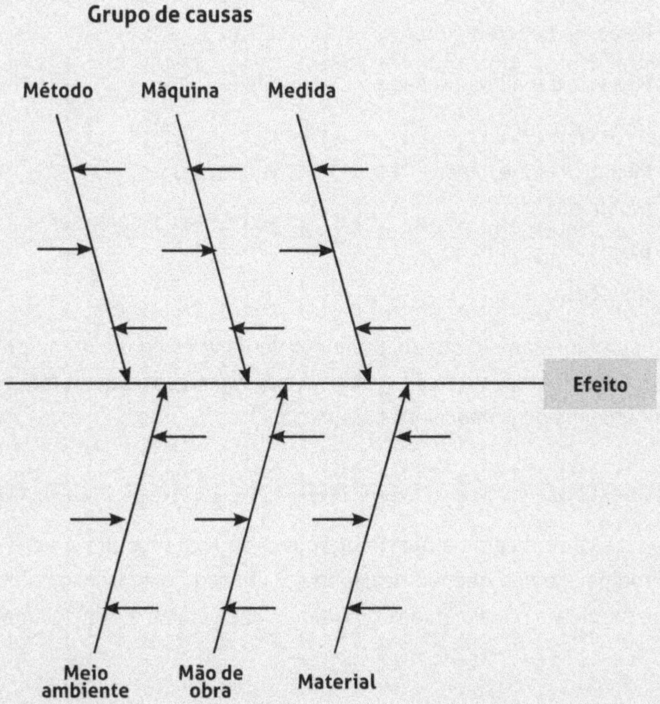

Apresentaremos a seguir um exemplo da utilização da espinha de peixe, retratando um desempenho de qualidade na área administrativa, utilizando **seis principais competências de um excelente profissional**.

Efeito: Desempenho de qualidade de um profissional administrativo

Organização
- **U**tilização de agenda.
- **A**dministração de tempo.

Capricho
- **R**elatório bem redigido.
- **M**esa de trabalho ordenada.

Determinação
- **I**niciativa em resolver problemas.
- **P**roatividade em oferecer soluções.

Cordialidade
- **B**om atendimento aos clientes.
- **A**cessibilidade às pessoas.

Lealdade
- **É**tica.
- **S**igilo.

Conhecimento
- **A**tualização.
- **I**nteresse em aprender.

Diante do exemplo citado, podemos verificar como um ótimo profissional, que mantém suas competências em vigor, consegue obter como resultado uma *performance* de excelência.

Vantagens do diagrama de causa e efeito

A utilização do diagrama possibilita que a equipe encontre a essência do problema, e não quem o ocasionou. É utilizado o consenso coletivo, o que propicia a resolução dos problemas. O diagrama é principalmente utilizado para que o grupo se concentre nas causas e não nos sintomas (Brassard; Ritter, 1994).

Folha de verificação ou *check-list*

Definição

É um roteiro para coleta de dados, no qual constam todos os itens a serem verificados, de forma fácil e concisa (Senai, 2001).

Objetivo

O *check-list* tem como objetivo principal verificar todas as atividades ou atribuições a serem realizadas dentro de um processo.

Aplicação do *check-list*

Pode ser aplicado facilmente, porém necessita de atenção e persistência. Inicialmente, deve ser estabelecida a situação a ser analisada. Em um segundo momento, o aplicador deve definir o tempo em que a situação será analisada. Deverá ser criada uma amostra significativa para tal análise, elaborada uma tabela com a relação dos itens que serão analisados e, finalmente, coletados os dados e realizadas as anotações condizentes.

O *check-list* pode ter como foco um determinado evento ou pode ser verificado o mesmo evento em diferentes épocas. Por exemplo, nesse último caso, podemos demonstrar problemas na área administrativa, conforme o quadro a seguir.

Quadro 3.6 – Eventos que ocorreram em diferentes épocas

Aspectos a serem melhorados no dia a dia do seu trabalho	Janeiro	Fevereiro	Março	Total de ocorrências
Não deu retorno ao cliente	///	////	////	11
Esqueceu-se de agendar a reunião	/	/	///	5
Ausentou-se do local de trabalho mais tempo que o necessário	//	///	////	9
Deixou o setor desorganizado	////	////	////	12

Analisando o quadro acima, podemos verificar qual é o principal aspecto a ser melhorado e também concluir que a qualidade do trabalho está piorando, comparando-se os erros ocorridos em cada mês.

Essa ferramenta também pode ser utilizada para verificar um só evento, por exemplo, na organização de uma festa de aniversário:

Quadro 3.7 – Eventos que ocorreram na mesma época

Item	Providências	Situação ou *status* atual
Bexigas	Comprar	Realizado
Vela	Comprar	Realizado
Bolo	Fazer	Será feito no dia
Convites	Comprar	Comprar
Docinhos	Encomendar	Realizado
Salgados	Encomendar	Realizado

O *check-list* pode ser utilizado em diversas situações, tanto no trabalho como na vida pessoal. É uma forma de diminuir os esquecimentos, as omissões e os erros na execução de alguma tarefa.

Vantagens do *check-list*

Ele nos auxilia na organização de nossas atividades, evitando que tenhamos esquecimentos importantes no momento de realizarmos nossas atribuições.

5Ws e 2Hs

Definição

É uma ferramenta utilizada para colocar uma decisão em prática. Geralmente, é aplicada após o uso de um *brainstorming*, de um *check-list* ou, ainda, de um diagrama de causa e efeito.

Na Figura 3.2, podemos verificar que a sigla 5Ws e 2Hs origina-se de palavras em inglês (*when, where, what, why, who, how, how much*) que podem ser traduzidas como: *quando, onde, o quê, por quê, quem, como* e *quanto*.

Objetivo

A ferramenta 5Ws e 2Hs tem como objetivo definir premissas em um projeto, uma decisão ou um plano de ação.

Figura 3.2 – Modelo de ferramenta 5Ws e 2Hs

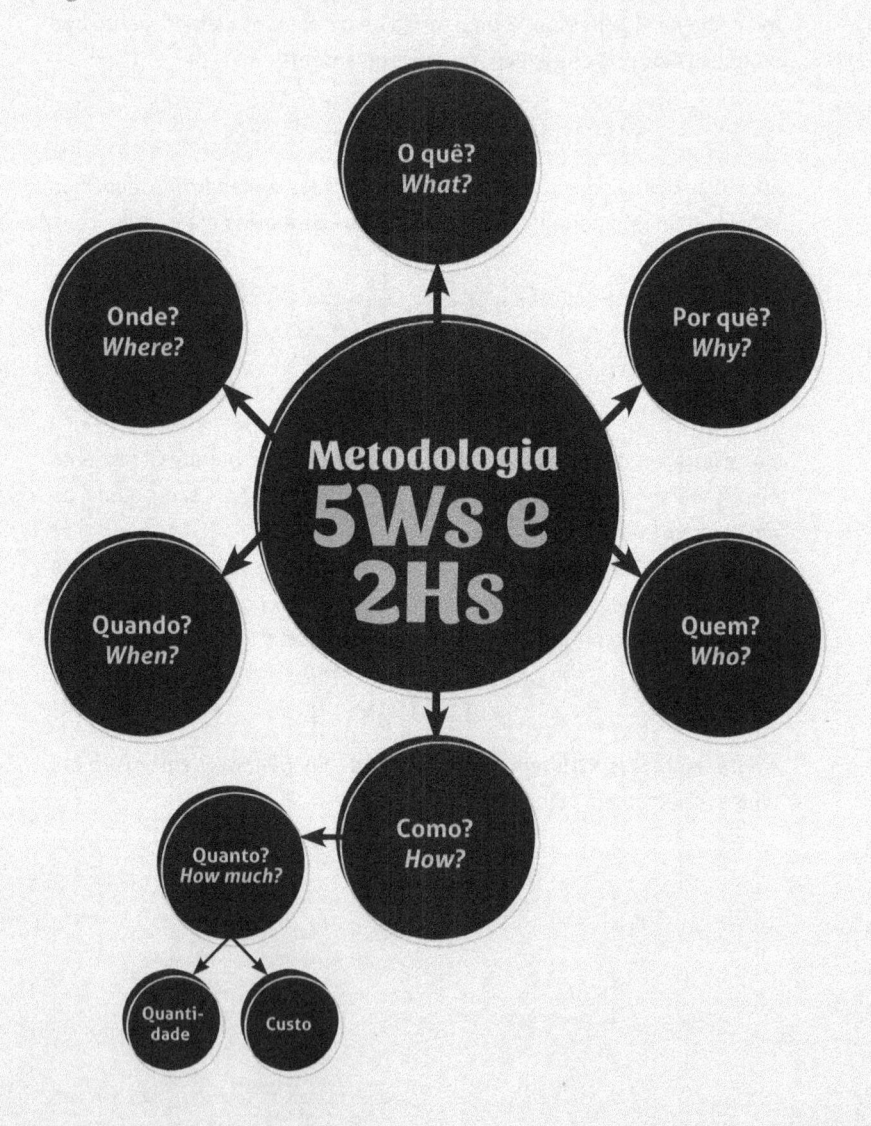

- O quê? *What?*
- Por quê? *Why?*
- Onde? *Where?*
- Quem? *Who?*
- Quando? *When?*
- Como? *How?*
- Quanto? *How much?*
  - Quantidade
  - Custo

Metodologia 5Ws e 2Hs

Como aplicar o 5Ws e 2Hs

Primeiramente, o problema deve estar bem definido. Após isso, dois quadros devem ser desenvolvidos, conforme os modelos a seguir:

Quadro 3.8 – Pesquisa de informações sobre o problema

O quê?	O que é o problema, sua natureza? Quais são as consequências do problema, as quantidades e os custos envolvidos?
Quem?	Quem está envolvido com o problema?
Onde?	Em que lugar? Em qual máquina ou local de trabalho ele foi detectado? Quais as suas origens?
Quando?	Em que momento foi detectado? Qual a frequência do problema?
Como?	De que forma aparece o problema? Como acontece?
Por quê?	É a pergunta que se deve fazer após qualquer uma das anteriores. Ela permite a confirmação de qualquer resposta.

Fonte: Senai, 2001, p. 18.

Quadro 3.9 – Definição de um plano de ação

O quê?	O que faremos?
Quem?	Quem será responsável por colocar em prática a solução adotada? Quem fará cada uma das tarefas ao longo do projeto?
Onde?	Em que local, em que máquina ou setor a ação se realizará?
Quando?	Em que momento será realizada a proposta?
Como?	De que forma procederemos para que possamos ser o mais eficiente possível?
Por quê?	Novamente é a pergunta indispensável para verificar todas as hipóteses e constatar se o plano a ser posto em prática é realista.

Fonte: Senai, 2001, p. 19.

Vantagens do 5Ws e 2Hs

A principal vantagem do 5Ws e 2Hs é que as decisões são colocadas em prática, principalmente, definindo-se as responsabilidades de cada um.

Apresentamos aqui as ferramentas de qualidade mais utilizadas na área administrativa. Outras existentes também são válidas, mas geralmente são mais focalizadas na área operacional ou gerencial. Sendo assim, explanamos nesta obra as mais adequadas ao nosso contexto.

Podemos analisar que as ferramentas de qualidade apresentadas podem ser utilizadas em inúmeras situações e por qualquer pessoa que busque a qualidade total. São ferramentas de fácil compreensão e que são úteis tanto na área operacional como na área administrativa.

Quando essas ferramentas forem utilizadas, além de auxiliarem na organização, no planejamento e na qualidade como um todo, elas servirão, sem hesitação, como um diferencial muito importante dentro da empresa.

Síntese

Por ser um ciclo proposto a receber o *feedback* do que é realizado, o ciclo PDCA é a principal base para se obter a melhoria contínua e, por meio desse retorno, o utilizador poderá refazer o processo até que se obtenha um padrão de qualidade satisfatório.

Além do ciclo PDCA, apresentamos as principais ferramentas de qualidade. A primeira ferramenta apresentada foi o fluxograma, o qual tem como objetivo principal representar graficamente um processo. Posteriormente, explanamos a definição, o objetivo, a aplicação e as vantagens das ferramentas *brainstorming*, GUT, *check-list* e 5Ws e 2Hs. Cada uma dessas ferramentas contribui significativamente para a melhoria contínua das atividades laborais, estimulando ideias inovadoras, priorizando problemas, elencando atribuições e atribuindo responsabilidades.

Ferramentas para o aprimoramento da qualidade

Maria Thereza Bond

Questões para revisão

1 Descreva o significado de cada etapa do PDCA.

2 Quais os principais cuidados que devemos ter ao aplicar o *brainstorming*?

3 Qual é o objetivo da ferramenta 5Ws e 2Hs? Marque a alternativa a seguir que melhor retrata o objetivo questionado:

   a Despertar a criatividade dos colaboradores.

   b Elencar prioridades.

   c Colocar as decisões em prática.

   d Priorizar os problemas.

   e Ver a gravidade dos problemas.

4 Qual é o significado da sigla GUT?

   a Gravidade, urgência e tendência.

   b Gestão, urgência e tendência.

   c Gravidade, urgência e trabalho.

   d Gestão, utilidade e trabalho.

   e Gastos, utilidade, tempo.

5 Quais são os 6M's do diagrama de causa e efeito?

   a Modo, material, meios, maneira, método e medida.

   b Medida, material, máquina, método, mão de obra e meio ambiente.

c Medida, meio, mensagem, modo, mão de obra e método.

d Método, mão de obra, meio ambiente, maneira, modo e medida.

e Mensagem, modo, meio ambiente, material, média e medida.

Questões para reflexão

1 O que é necessário para que os resultados do *brainstorming* sejam eficazes?

2 O que devemos fazer para que o 5Ws e 2Hs seja eficaz?

Para saber mais

AGUIAR, S. **Integração das ferramentas da qualidade ao PDCA e Programa Seis Sigma**. Nova Lima: INDG, 2006.

Se você se interessou pelas ferramentas de qualidade e deseja conhecê-las melhor, leia o livro citado para obter maiores informações sobre o assunto.

4

ISO – International Organization for Standardization

Conteúdos do capítulo

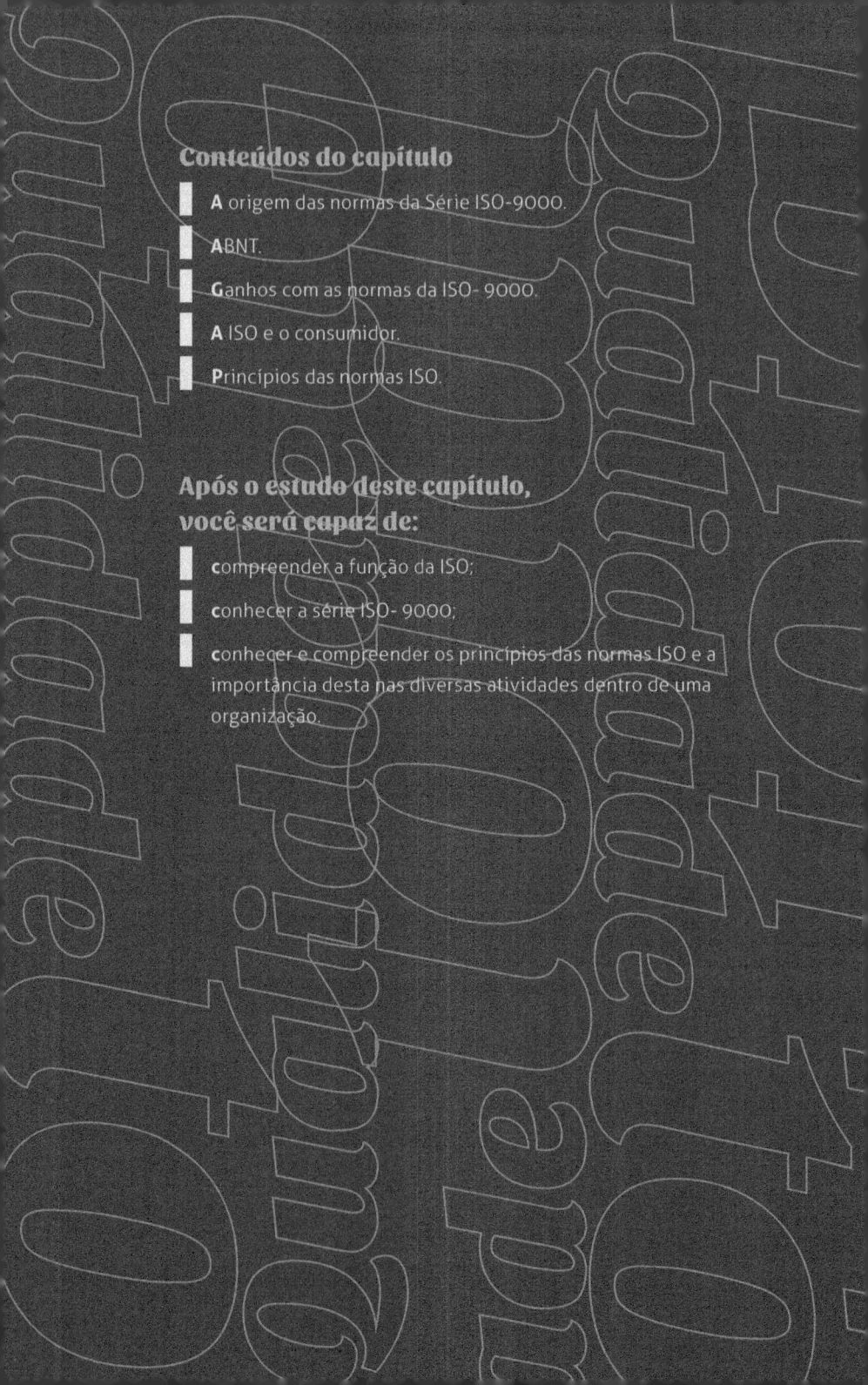

- **A** origem das normas da Série ISO-9000.
- **A**BNT.
- **G**anhos com as normas da ISO-9000.
- **A** ISO e o consumidor.
- **P**rincípios das normas ISO.

Após o estudo deste capítulo, você será capaz de:

- **c**ompreender a função da ISO;
- **c**onhecer a série ISO-9000;
- **c**onhecer e compreender os princípios das normas ISO e a importância desta nas diversas atividades dentro de uma organização.

ISO – *International Organization for Standardization*

Angelo Busse

A busca pela qualidade dos produtos e serviços, bem como a busca por padronização de procedimentos e a necessidade de mensurar a qualidade sempre levaram as empresas a adotarem modelos inovadores de gestão.

A gestão da qualidade teve a *International Organization for Standardization* (ISO) como ferramenta, cujo objetivo é a normalização de produtos e serviços por meio de um padrão único, sendo a sigla inspirada na palavra grega *isos*, que significa "igualdade". A ISO iniciou sua atuação em fevereiro de 1947 como uma instituição não governamental (ONG) com sede em Genebra, estando hoje presente em 151 países. Sua função é estabelecer normas e padrões técnicos internacionais sobre sistemas de gestão de qualidade.

A origem das normas da Série ISO-9000

A ISO é composta por membros que representam entidades máximas de normalização em seus respectivos países, sendo que no Brasil a instituição responsável é o Instituto Nacional de Metrologia, Normalização e Qualidade Industrial (Inmetro).

O trabalho técnico da ISO é conduzido por **comitês técnicos** (*technical committees* – TC). O estudo sobre a emissão das normas da série ISO 9000, por exemplo, foi feito pelo TC 176 durante o período de 1983 a 1986. No Brasil, o comitê técnico responsável pelas normas da NBR ISO 9000 é o Comitê Brasileiro da Qualidade CB 25, da Associação Brasileira de Normas Técnicas (ABNT). Portanto, as normas ISO 9000 são um conjunto de normas e padrões mundiais criados para garantir a qualidade de um produto ou serviço, aceitas em todo o mundo. Com isso, acabam-se criando mais oportunidades de mercado, pois a empresa tem maior credibilidade ante as outras empresas e os clientes.

O Comitê ISO TC 176, da Série ISO 9000, analisou normas de vários países, dentre eles o Brasil, os EUA (MIL-Q-9858 e MIL-I-45208), o Reino Unido (DEF. STAN. 0521; DEF. STAN. 0524; DEF. STAN. 0529), o Canadá (CZ 229) etc., e em 1987, originou as normas ISO-9000/1987; ISO-9001/1987, ISO-9002/1987, ISO-9003/1987 e muitas outras.

Em 1994, essas normas foram revisadas, vigorando até o mês de dezembro do ano 2000, quando foram emitidas as normas da Série ISO-9000 versão 2000, sendo que a ISO 9001/1994, a ISO 9002/1994 e a ISO 9003/1994 se transformaram na ISO 9001/2000.

A série 9000 (normas que tratam de Sistemas de Gestão e Garantia da Qualidade nas empresas) se propagou mundialmente. Temos também a ISO 8402 (Conceitos e Terminologia da Qualidade), a ISO 14000 (para a Gestão Ambiental) e uma série de guias ISO pertinentes à certificação e ao registro de sistemas de qualidade, bem como a OHSAS 18001, que contempla Sistemas de Gestão de Segurança, Higiene e Saúde no trabalho, e tem como foco a prevenção de acidentes, a redução de riscos em geral, o bem-estar e a satisfação dos funcionários e colaboradores.

Assim como descrito anteriormente, a ISO 14000 apresenta as normas para a gestão ambiental. Seu objetivo é colaborar para diminuir o impacto das ações das empresas no meio ambiente. Seguindo as normas da ISO 14000, elas podem reduzir esses danos e se tornar empresas com um

ISO – *International Organization for Standardization*

Angela Busse

bom relacionamento com o consumidor, devido à sua preocupação com o meio ambiente, aspecto de enorme relevância nos dias atuais e futuros.

ABNT

Fundada em 1940, a Associação Brasileira de Normas Técnicas (ABNT) é o órgão responsável pela normalização técnica no país, fornecendo a base necessária ao desenvolvimento tecnológico brasileiro. É membro fundador da ISO, da Comissão Pan-americana de Normas Técnicas (Copant) e da Associação Mercosul de Normalização (AMN).

Sendo assim, a ABNT é a representante oficial no Brasil das seguintes entidades internacionais: ISO, IEC (*International Eletrotechnical Comission*), e das entidades de normalização regional, como a Copant e a AMN.

Ganhos com as normas da ISO

As empresas que obtêm a normalização da ISO conseguem satisfazer melhor seus clientes, diferenciar-se no mercado e promover sua imagem perante os ambientes externo e interno. Além disso, obtêm um registro formal de reconhecimento da sua qualidade e, assim, na maioria das vezes, buscam motivar seus colaboradores e gestores a se preocuparem sempre com a prevenção de problemas ou com a solução deles, vendo-os como **conformidades**. Este é um termo utilizado nas empresas que buscam a padronização da ISO, indicando que tal produto, processo, pessoa ou serviço atende aos requisitos técnicos especificados.

A empresa tem muitos ganhos com a padronização por meio da ISO, como, por exemplo, a diminuição de desperdícios, a redução dos custos, a forma de mensurar seu processo e de gerenciá-lo, o que o torna gradativamente mais estável.

Toda a gerência acaba se envolvendo nos princípios da gestão da qualidade e isso reflete em eficiência e eficácia para a empresa. As equipes tornam-se mais coesas e comprometidas e todos passam a conhecer melhor a empresa em que trabalham, o que faz com que sejam evitados acidentes de trabalho, perdas de documentos e outros fatores desfavoráveis ao processo profissional.

> A ISO favorece a implantação de capacitações e o desenvolvimento mais objetivo e eficaz.

A ISO e o consumidor

Qualidade era um assunto que se limitava aos muros das grandes indústrias, porém hoje sabemos que a importância desse processo está presente em todos os contextos e em todo o mundo.

Empresas das mais diversas áreas, como prestadores de serviços, hospitais, agências de viagens, instituições escolares etc., buscam a certificação ISO, o que garante a elas que um sistema de qualidade seja implantado. Com isso, deduz-se que elas apresentarão menores índices de erros (não conformidades e não atendimento aos requisitos técnicos especificados), o que, consequentemente, deverá refletir ao mercado maior credibilidade, pois acredita-se que a empresa que possui tal certificação toma providências imediatas para reparar eventuais não conformidades mediante ações corretivas.

As instituições que implantam a ISO tentam manter sua imagem mais valorizada no mercado, mesmo que muitas vezes essa valorização não esteja realmente de acordo com a qualidade apresentada.

ISO – *International Organization for Standardization*

Angela Busse

Diante disso, é importante que os consumidores saibam diferenciar e identificar os critérios e as exigências da ISO. Para uma empresa que deseja manter a certificação, é essencial que seu relacionamento com o cliente seja próximo, e que todas as reclamações sejam devidamente registradas e consideradas. Tais reclamações devem ser levadas em conta nas auditorias periódicas de manutenção, que podem ser semestrais ou anuais. Todos os colaboradores devem estar comprometidos com a qualidade e devem promover continuamente a conscientização da sua importância. Nesse momento, os profissionais de atendimento têm papel primordial, auxiliando no levantamento das reclamações, tanto de clientes internos quanto externos, e as conduzindo para as devidas áreas de soluções.

> O objetivo da ISO é a qualidade da organização. Consequentemente, a qualidade se refletirá no produto, no serviço e na satisfação do cliente.

Princípios das normas da ISO – série 9000:2000

Os padrões do sistema de gerenciamento da qualidade das séries revisadas da ISO 9000:2000 se baseiam em **oito princípios fundamentais**, os quais estão definidos na ISO 9000:2000 e na ISO 9004:2000.

Apresentaremos na sequência as descrições padronizadas dos princípios, além dos benefícios advindos de seu uso e as atitudes tomadas normalmente pelos gerentes na sua aplicação, a fim de melhorar o desempenho de suas empresas.

Princípio 1 – Foco no cliente

O cliente é o alvo principal da empresa, que deverá contemplar em toda a sua estratégia ações que visem ao levantamento das necessidades e expectativas desse cliente, procurando atendê-las e superá-las.

Benefícios

Mais lucro e participação no mercado, obtidos por meio de respostas flexíveis e rápidas às oportunidades deste.

Mais eficácia no uso dos recursos da empresa para aumentar a satisfação do cliente.

Mais fidelidade por parte do cliente, levando-o a retornar a fazer negócios com a empresa.

ISO – *International Organization for Standardization*

Angela Busse

Aplicação

- Levantar e compreender as necessidades e expectativas de seus clientes.

- Certificar-se de que os objetivos organizacionais estejam estrategicamente associados às necessidades e expectativas de seus clientes.

- Comunicar internamente as demandas e as expectativas dos clientes.

- Mensurar o nível de satisfação e tomar ações com base nesses resultados.

- Gerenciar sua relação com seu cliente.

- Manter equilíbrio entre a satisfação do cliente e a satisfação das outras partes envolvidas, como funcionários, fornecedores, acionistas, comunidade etc.

Princípio 2 – Liderança

A organização necessita contar com lideranças preparadas e capazes de manter a equipe nos princípios da qualidade, impregnando diariamente a qualidade na cultura organizacional.

Benefícios

Clareza no entendimento da missão e dos objetivos organizacionais e, consequentemente, motivação para buscá-los.

As ações são avaliadas, reestruturadas e implementadas de maneira única.

A comunicação fluirá de maneira mais eficaz entre os diferentes níveis da organização.

ISO – *International Organization for Standardization*

Angelo Busse

Aplicação

- **D**edicar-se às necessidades de clientes, acionistas, fornecedores etc.
- **T**er a capacidade de visualizar de forma clara o futuro da organização.
- **D**efinir metas e objetivos desafiadores.
- **E**stabelecer e compartilhar valores, justiça e modelos éticos em toda a organização.
- **E**struturar laços de confiança e eliminar o receio e o medo.
- **C**onceder recursos, treinamento e autonomia para as pessoas agirem com responsabilidade.
- **S**er modelo de inspiração e encorajamento e reconhecer o desempenho dos funcionários.

Princípio 3 – Envolvimento de pessoas

As competências pessoais produzem melhores resultados em benefício da organização quando cada indivíduo se acha motivado a agir e colaborar, razão pela qual o envolvimento pleno é sempre indispensável. Esse comprometimento dos colaboradores é que constitui o diferencial diante de tantas similaridades entre as empresas concorrentes.

Benefícios

Funcionários comprometidos e motivados.

Funcionários criativos e inovadores na realização dos objetivos organizacionais.

Funcionários responsáveis pela *performance*.

Funcionários envolvidos e comprometidos com a melhoria contínua.

ISO – *International Organization for Standardization*

Angela Busse

Aplicação

- **C**ompreender a sua contribuição para a organização e seu papel dentro dela.
- **I**dentificar obstáculos e dificuldades no desempenho de suas funções.
- **A**ssumir problemas com responsabilidade e resolvê-los.
- **A**valiar seu desempenho e resultados com relação a suas metas pessoais.
- **P**rocurar aumentar sua competência, conhecimento e experiência, por meio da identificação e do aproveitamento de oportunidades.
- **C**ompartilhar conhecimentos e experiências.
- **D**iscutir com transparência os problemas.

Princípio 4 – Abordagem de processos

Todas as atividades e recursos relacionados são administrados como um processo, o qual se tornou uma fase bastante importante como foco de atenção da qualidade. O resultado torna-se, portanto, o reflexo do que foi investido durante o processo.

Benefícios

- Redução de custos e tempo na utilização efetiva de recursos.
- Resultados mais adequados, consistentes e previsíveis.
- Melhorias definidas e priorizadas.

ISO – *International Organization for Standardization*

Angelo Busse

Aplicação

Estabelecer de maneira clara e sistemática as ações para a obtenção dos resultados esperados.

Definir responsabilidades para o gerenciamento de atividades-chave, medindo a capacidade destas.

Levantar a relação das atividades-chave nas funções da organização.

Propiciar foco aos fatores, como recursos, métodos e materiais, que poderão melhorar as atividades-chave.

Identificar e medir os riscos, as consequências e os impactos das ações em clientes, fornecedores e em todas as partes interessadas.

Princípio 5 – Abordagem sistêmica para a gestão

Numa organização, as partes estão todas inter-relacionadas e são dependentes entre si. A organização é explicada dessa maneira pela **teoria dos sistemas**, e com esse entendimento, é necessária a identificação, a compreensão de todos os processos e suas relações e, principalmente, sua relação com o cliente.

Benefícios

Focalização nos processos que melhor contribuem para os resultados desejados.

Concentração de esforços nos processos-chave.

Transmissão de confiança aos clientes e a todas as partes interessadas na eficácia e na eficiência da organização.

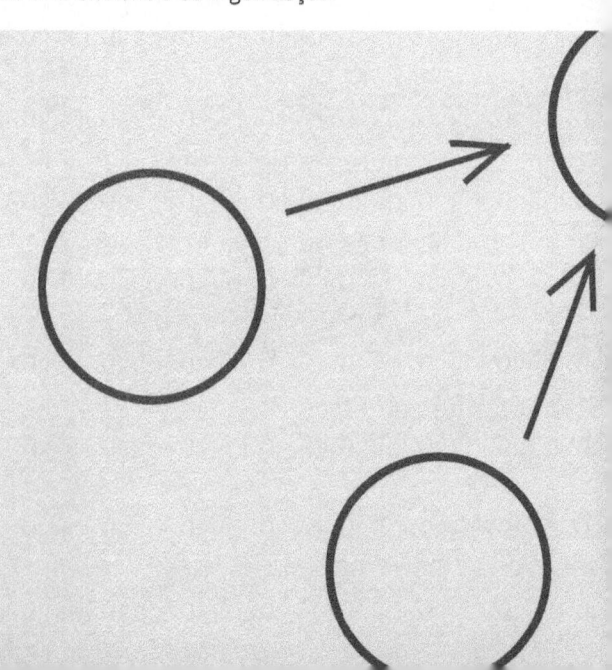

ISO – *International Organization for Standardization*

Angela Busse

Aplicação

- **D**esenvolver sistemas que propiciem o alcance dos resultados de maneira mais eficiente e eficaz.
- **C**ompreender as interdependências entre os processos organizacionais.
- **D**esenvolver metodologias que harmonizem e integrem processos.
- **C**ompreender melhor os papéis e as responsabilidades no alcance de objetivos e na redução de barreiras.
- **C**ompreender as capacidades organizacionais e definir inibidores de recursos antes da ação.
- **D**efinir metas e identificar como as atividades de um sistema devem operar.
- **B**uscar a melhoria contínua por meio de medição e avaliação.

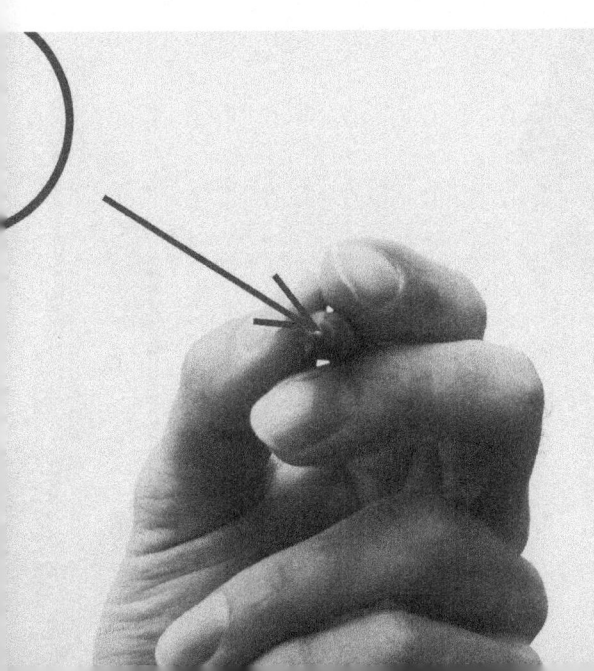

Princípio 6 – Melhoria contínua

A qualidade, como já abordamos, não é um estado, mas um processo. Assim, a melhoria contínua do desempenho global deve ser um objetivo permanente, esperando-se cada vez mais da qualidade, percebendo-a como algo infinito.

Benefícios

- Melhoria da *performance* por meio da competência organizacional.
- Implantação do processo de melhoria em todos os níveis organizacionais.
- Rapidez e flexibilidade na reação às oportunidades.

ISO – *International Organization for Standardization*

Angela Busse

Aplicação

- **D**esenvolver em toda a organização uma metodologia de melhoria contínua.
- **O**ferecer treinamento nos métodos e ferramentas de melhoria contínua a todos os integrantes da organização.
- **D**efinir como objetivo de todos na organização a melhoria contínua de produtos, processos e sistemas.
- **D**efinir metas para orientar a melhoria contínua e indicadores para acompanhá-la.
- **I**dentificar as melhorias e reconhecê-las.

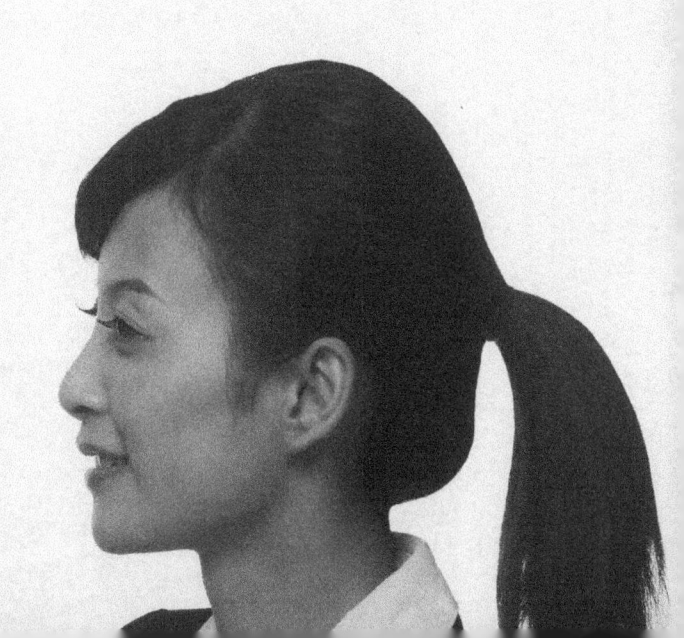

Princípio 7 – Abordagem efetiva para a tomada de decisões

Para que tragam efeitos positivos e contribuam para o progresso de uma organização, as decisões devem ser tomadas sempre com base na análise de dados e informações.

Benefícios

Decisões adequadamente tomadas.

Habilidade para transmitir a eficácia de decisões tomadas com base na análise de dados.

Maior habilidade na reestruturação de decisões e opiniões.

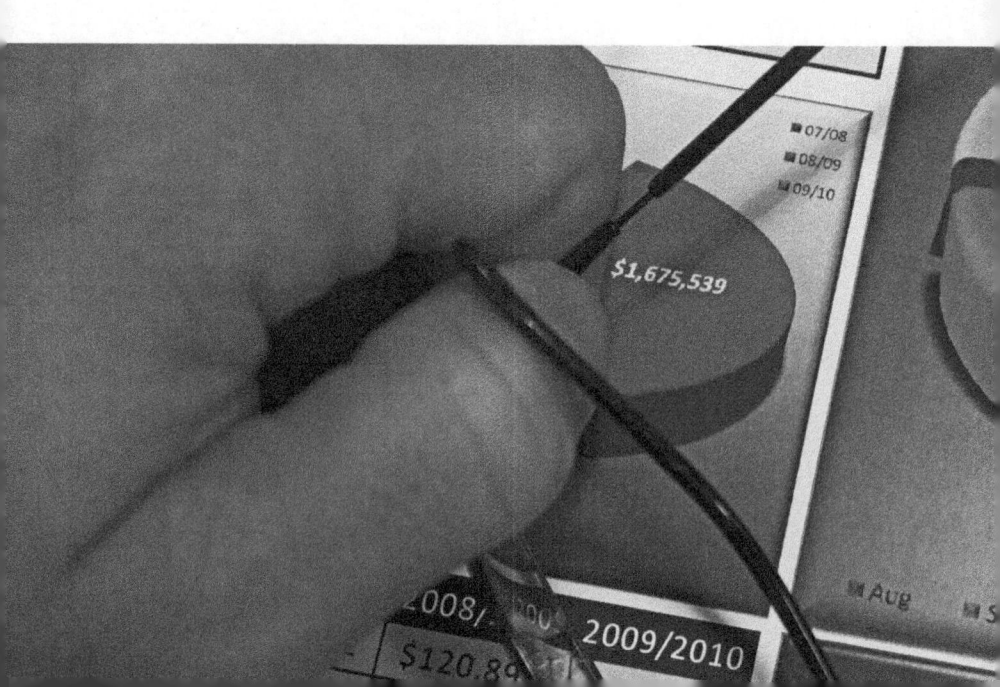

ISO – *International Organization for Standardization*

Angela Busse

Aplicação

Ter firmeza e precisão nos dados e informações.

Disponibilizar dados a quem necessitar.

Validar métodos na análise dos dados e informações.

Analisar de maneira equilibrada, tendo como base fatos, experiências e intuição para a tomada de decisões e atitudes.

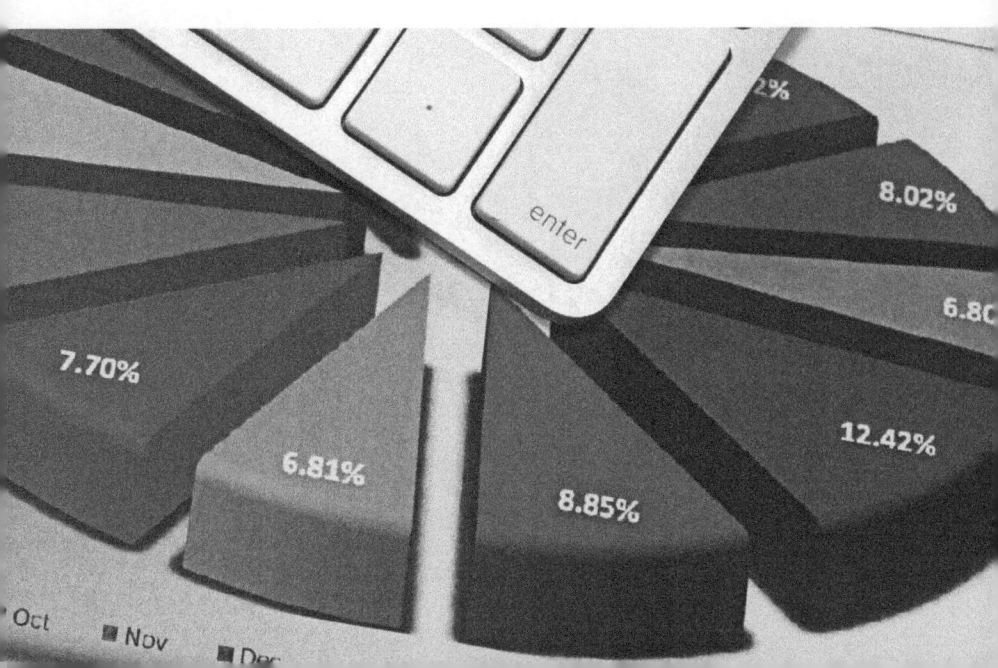

Princípio 8 – Relacionamento com os fornecedores mutuamente benéfico

A organização deve ter o fornecedor como um parceiro importante do negócio. Portanto, o relacionamento com ele deve ser leal, transparente e com benefícios mútuos.

Benefícios

Agregar valor, com negociação flexível.

Resposta rápida às mudanças e demandas de mercado e dos clientes.

Recursos e custos otimizados.

ISO – *International Organization for Standardization*

Angela Busse

Aplicação

- Instituir relacionamentos equilibrando ganhos e respeito.
- Trocar com seus parceiros conhecimentos e recursos.
- Prospectar fornecedores importantes para o negócio.
- Comunicar-se de maneira objetiva e transparente, compartilhando informações e metas para o futuro.
- Compartilhar o desenvolvimento e as atividades de melhoria.
- Identificar as melhorias e realizações dos fornecedores e reconhecê-las.

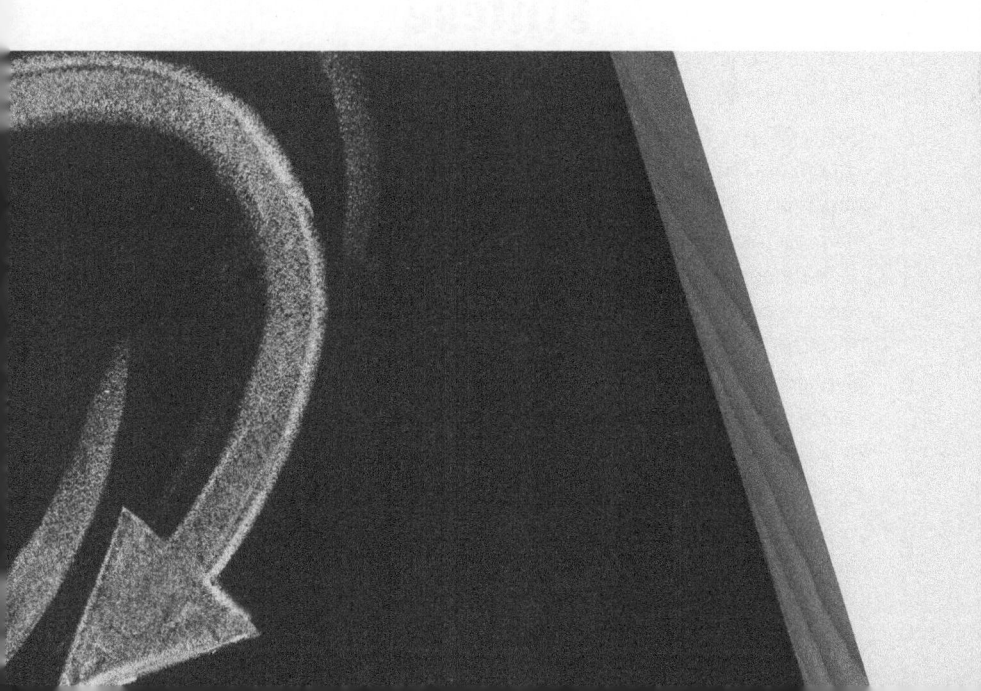

A ISO é aplicável em qualquer empresa, sendo o seu foco a garantia da qualidade. Para isso, ela possui um conjunto de procedimentos e requisitos que garantem esse processo.

Uma empresa, mesmo ciente da realização satisfatória de seu trabalho – e a cada dia tentando se aperfeiçoar por meio de reciclagem, experiências e aprendizagem pelos erros –, não teria facilidade em provar isso sem se enquadrar no círculo de exigências apregoado pelo sistema ISO.

A empresa que não tiver como objetivo a melhoria contínua de seus processos, procedimentos, produtos e serviços, possivelmente perderá a luta da competitividade, pois os **clientes** estão cada vez mais **exigentes** e mais dispostos a divulgar isso.

Qualidade já não é mais considerada o diferencial da empresa, mas um **requisito fundamental** para a sobrevivência e permanência desta no mercado.

Síntese

Neste capítulo, abordamos a questão da ISO, que é uma ferramenta da qualidade que propõe a normalização de produtos e serviços com base em um padrão único. Comentamos sobre as várias revisões pelas quais passaram o sistema ISO e apresentamos a ABNT, fundada em 1940, que é o representante do Brasil nas organizações internacionais de normalização.

Tratamos sobre os ganhos com a ISO, a ISO e o consumidor e, ainda, sobre os oito princípios que estão definidos na ISO 9000:2000 e na ISO 9004:2000. Citamos também as descrições padronizadas dos princípios, além dos benefícios advindos de seu uso e das atitudes tomadas normalmente pelos gerentes na sua aplicação, a fim de melhorar a *performance* de suas empresas, ressaltando a importância da aplicação dos princípios e utilizando adequadamente seus critérios de aplicação.

ISO – *International Organization for Standardization*

Angela Busse

Questões para revisão

1 Em relação a ISO, assinale as alternativas corretas:

a Normalização de produtos e serviços com base em um padrão único reconhecido e implantado por numerosos países.

b Método de avaliar a qualidade de produtos e serviços..

c Estabelecimento de normas e padrões técnicos internacionais sobre sistemas de gestão da qualidade.

d Método que indica quais os critérios de qualidade.

2 Cite alguns ganhos para a empresa quando ela possui a certificação ISO.

3 O que é ABNT e qual a sua função?

4 Para uma empresa manter a certificação ISO, ela precisa buscar vários mecanismos para identificar falhas e, consequentemente, a insatisfação do cliente. Assinale qual das alternativas apresenta uma dessas estratégias:

a Relacionamento próximo com o cliente.

b Planejamento estratégico.

c Atualização de pessoal.

d Trabalho em equipe.

5 Em relação aos princípios das normas ISO, identifique qual das alternativas apresenta três deles:

a Melhoria contínua, gerência participativa e liderança.

b Foco no cliente, envolvimento das pessoas e melhoria contínua.

c Abordagem comportamental, abordagem de processos e liderança.

d Abordagem sistêmica para a gestão, foco no cliente e tratamento diferenciado.

Questão para reflexão

1 Identifique quais ações poderiam ser realizadas em sua área profissional para uma adequação aos princípios da qualidade.

Para saber mais

Amplie sua visão sobre a gestão da qualidade lendo a seguinte obra:
CARPINETTI, L. C. R.; GEROLAMO, M. C.; MIGUEL, P. A. C. **Gestão da qualidade ISO 9001:2008**: princípios e requisitos. Rio de Janeiro: Atlas, 2009.

Para maiores conhecimentos sobre o sistema ISO, acesse:
ISO – *International Organization for Standardization*. Disponível em: <http://www.iso.org>. Acesso em: 25 abr. 2012.

Você terá a oportunidade de se aprofundar no assunto e identificar formas de aplicabilidade em sua área.

5
Qualidade do ambiente de trabalho e o estresse ocupacional

Conteúdos do capítulo

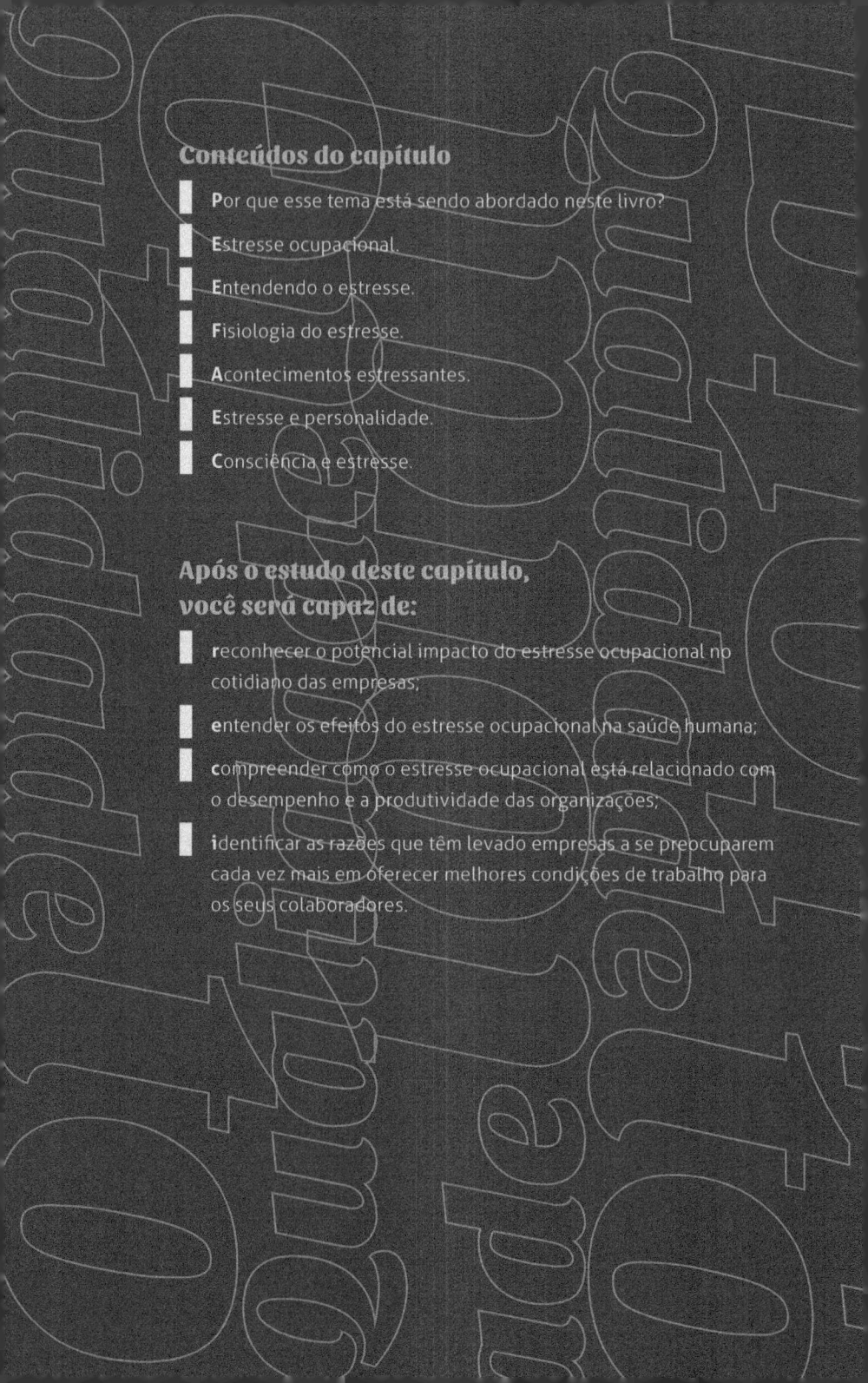

- **P**or que esse tema está sendo abordado neste livro?
- **E**stresse ocupacional.
- **E**ntendendo o estresse.
- **F**isiologia do estresse.
- **A**contecimentos estressantes.
- **E**stresse e personalidade.
- **C**onsciência e estresse.

Após o estudo deste capítulo, você será capaz de:

- **r**econhecer o potencial impacto do estresse ocupacional no cotidiano das empresas;
- **e**ntender os efeitos do estresse ocupacional na saúde humana;
- **c**ompreender como o estresse ocupacional está relacionado com o desempenho e a produtividade das organizações;
- **i**dentificar as razões que têm levado empresas a se preocuparem cada vez mais em oferecer melhores condições de trabalho para os seus colaboradores.

Qualidade do ambiente de trabalho e o estresse ocupacional

Renato Pustilnick

Por que esse tema está sendo abordado neste livro?

Talvez você, caro leitor, esteja se perguntando o motivo pelo qual o tema *estresse* está sendo abordado neste livro.

No Capítulo 1, discutimos a importância do atendimento ao cliente no que se refere à qualidade. Vimos que, para encantar um cliente, é fundamental que haja um sincero comprometimento, o que denominamos *qualidade real*.

Agora perguntamos: Se um profissional não estiver bem, como poderá atender satisfatoriamente os seus clientes? Será que um indivíduo esgotado, cansado e doente – mental ou fisicamente – poderá realmente se comprometer com os processos exigidos pelos sistemas de qualidade e atender as expectativas dos clientes?

O ambiente corporativo parece ser especialmente vulnerável ao tema, já que o atendimento e as relações interpessoais ocorrem em escala direta e o trato com o cliente é a peça chave para todo o restante do processo de qualidade de uma empresa.

De fato, esse tema ganhou crescente interesse em diversos níveis organizacionais devido aos impactos diretos e indiretos no ambiente produtivo, sobretudo quando se fala em implementação de sistemas de qualidade, já que a cobrança e as expectativas tendem a ser maiores. Muitas pesquisas têm sido realizadas abordando estratégias para o gerenciamento do estresse.

Longas jornadas de trabalho, prazos e metas a serem cumpridos, ambiente físico nem sempre adequado: esses são alguns dos fatores que afetam a saúde física e mental do profissional, influenciando em seu desempenho de tal modo que algumas empresas estão se atentando para o fato e buscando alternativas para driblar esse "inimigo invisível".

Neste capítulo, o tema é apresentado de forma a oferecer uma compreensão inicial sobre o assunto. No capítulo seguinte, serão abordadas estratégias para administração do estresse ocupacional.

Estresse no trabalho: estudo de caso com gerentes que atuam em uma instituição financeira nacional de grande porte[1]

Com o objetivo de analisar a ocorrência do estresse ocupacional em ambientes corporativos de grande porte, Pereira, Braga e Marques (2008) realizaram uma pesquisa descritiva visando identificar os principais fatores causadores e diagnosticar o nível de estresse ocupacional nos trabalhadores.

Para isso, o grupo realizou um estudo de caso em uma instituição financeira privada de âmbito nacional, com atuação na cidade de Belo Horizonte – MG, o qual foi publicado em artigo em 2008 (Pereira; Braga; Marques, 2008).

O estudo apontou como as novas demandas impostas pela sociedade moderna afetam os indivíduos. Com especial foco no nível de gerência, diversos aspectos foram identificados, sendo que os principais pontos apontados foram:

- insegurança nas relações de trabalho;
- metas superdimensionadas;
- nível de cobrança excessivo;
- quadro de funcionários aquém das necessidades da instituição;
- dificuldades nas relações pessoais.

Após coletar os dados e analisá-los, o grupo chegou aos seguintes resultados:

---

[1] Extraído de Pereira; Braga; Marques (2008).

Qualidade do ambiente de trabalho e o estresse ocupacional

Renato Pustilnick

- **1**50 dos 168 gerentes pesquisados (89,10%) foram diagnosticados com um quadro de estresse.
- **D**estes, 59 gerentes (35,21%) apresentaram estresse de leve a moderado.
- **6**9 gerentes (40,97%) apresentaram estresse intenso.
- **2**2 gerentes (12,92%) exibiram estresse muito intenso.

A pesquisa realizada ilustra um cenário que tem se mostrado cada vez mais frequente no dia a dia dos ambientes corporativos. Além disso, evidencia-se a relevância do tema, já que o estresse ocupacional está entre as principais causas de afastamento dos postos de trabalho e de queda do rendimento do profissional.

No Capítulo 1, abordamos conceitos como o *Kaizen*, que prega a melhoria contínua como busca da perfeição, e neste capítulo e no próximo, veremos que tal processo pode ocorrer de forma ativa e individual em todos os níveis organizacionais, impactando globalmente todo o sistema de qualidade. Primeiramente, abordaremos alguns conceitos para esclarecer o que é o estresse ocupacional e como este afeta a qualidade dos trabalhos de uma organização.

Estresse ocupacional

O avanço das novas tecnologias da comunicação e informação, entre outras, acelerou em muito as demandas por novos processos nas empresas e acirrou a competição entre elas.

Além disso, na sociedade moderna, as pessoas trabalham mais horas e mais arduamente, a fim de atingir o sucesso pessoal e as recompensas materiais (Cooper, 2005, citado por Pereira; Braga; Marques, 2008). Essa mudança de comportamento, aliada às crescentes cobranças por formação acadêmica, desempenho, cumprimento de metas e aquisição de maiores responsabilidades, tem gerado um aumento significativo do estresse corporativo, também denominado *estresse ocupacional*.

Assim, o estresse ocupacional, entendido como o estresse relacionado ao trabalho, tornou-se uma fonte de preocupação, uma vez que é reconhecido como um dos principais riscos ao bem-estar psicossocial do indivíduo (Bateman; Strasser, 1983, citados por Pereira; Braga; Marques, 2008).

Desse modo, não por acaso, organizações comprometidas com a implantação de sistemas de qualidade têm demonstrado crescente preocupação com o ambiente de trabalho, de forma a oferecer melhores condições aos colaboradores, reduzindo a carga do estresse ocupacional e os consequentes afastamentos decorrentes dos danos à saúde causados pelo esgotamento físico e mental.

Pesquisas recentes indicam que profissionais rendem mais e custam menos à medida que se sentem valorizados. Adotando a prerrogativa que um funcionário satisfeito com seu trabalho adoece menos e produz mais, as organizações têm dirigido esforços para garantir o bem-estar dos seus colaboradores, reduzindo custos com despesas médicas, processos trabalhistas, entre outros problemas oriundos do estresse ocupacional.

Qualidade do ambiente de trabalho e o estresse ocupacional

Renato Pustilnick

Apesar de o estresse, em níveis acentuados e prolongados, ser parte integrante da natureza humana, ele pode levar o indivíduo a desenvolver uma série de sintomas, devendo ser encarado como uma questão relacionada diretamente à saúde.

O estresse afeta não apenas aspectos gerais referentes à qualidade de vida do indivíduo, mas também ao seu rendimento e à sua produtividade. "Uma das queixas mais frequentes feitas pelos indivíduos diz respeito ao estresse no trabalho. Seus sintomas pioram no domingo, ou na segunda pela manhã, quando já estão prestes a enfrentar uma nova semana laborativa" (Alves, 2000).

No ambiente de trabalho, o funcionário está sujeito a uma série de situações potencialmente estressantes. Os estressores variam de intensidade e tipo, assim como a resposta de cada pessoa.

A título de exemplo, comentaremos apenas três dos fatores de estresse presentes em ambientes de trabalho.

Estresse físico

É o estresse que está associado aos fatores que atuam sobre o corpo do trabalhador. Mesmo que o indivíduo não perceba, ele estará sujeito a fatores externos, com diferentes intensidades de pressão sobre o organismo, obrigando-o a adaptações constantes ao ambiente em que está inserido.

Como exemplos, podemos citar: falta ou o excesso de luz, poluição sonora, visual e do ar, aspectos arquitetônicos referentes ao espaço de trabalho, barreiras físicas, más acomodações, má postura, temperaturas muito altas ou muito baixas, contato com agentes ou vetores potencialmente patogênicos, entre outros.

Conforme vimos, não é por acaso que, dependendo do ambiente de trabalho e após horas de exposição a esses fatores durante meses ou anos, o indivíduo passe a manifestar sintomas como dores, fadiga, depressão, ansiedade etc.

Qualidade do ambiente de trabalho e o estresse ocupacional

Renato Pustilnick

Estresse psicossocial

Você deve se lembrar de que falamos, no Capítulo 2, sobre o conceito do "zero defeito". Para que esse objetivo seja alcançado, a busca da qualidade total exige um forte comprometimento de toda a equipe e essa busca deve ser constante, o que pode aumentar substancialmente as expectativas e a competição interna no ambiente de trabalho. Nesse sentido, o estresse psicossocial está associado às relações interpessoais. "Um dos principais tipos é o estresse interacional devido a ambíguas ou más relações no trabalho" (Alves, 2000).

Em ambientes onde há uma interação entre diversos indivíduos, é comum ouvirmos queixas referentes a injustiças, fofocas, agressões, maus-tratos, provocações e toda a sorte de mazelas que o convívio humano permite.

São aspectos inerentes ao ser humano que tornam a arte de administrar pessoas cada vez mais difícil. Adicionando-se isso às pressões e cobranças cada vez maiores pelo mercado de trabalho, temos um quadro bastante propício ao acúmulo de estresse. Uma boa parte das doenças psicossomáticas relacionadas ao estresse tem a ver com essas questões.

Insatisfação e não realização profissional

Neste caso, encontramos aspectos mais individuais. É o chamado *estresse de frustração*.

Ocorre quando o indivíduo exerce uma função para a qual não se sente apto ou, simplesmente, não sente nenhum prazer em realizá-la. Essa situação, quando prolongada, tende a gerar uma série de sensações de desgosto e frustração, o que pode comprometer as relações do indivíduo com seus colegas, gerando muitos transtornos decorrentes da ansiedade, irritação, desânimo, dores, insônia e outros desconfortos causados pelo estresse.

Para compreendermos melhor como o estresse afeta o dia a dia das empresas, faremos a seguir uma discussão a respeito de como ele atua no organismo, atingindo a saúde e a produtividade do ser humano.

Qualidade do ambiente de trabalho e o estresse ocupacional

Renato Pustilnick

Entendendo o estresse

Segundo Alves (2000), o estresse é "um estado de tensão no corpo e na mente, resultado de eventos ameaçadores ou ambíguos do mundo exterior ou assim interpretados." Os efeitos do estresse em organismos foram sistematicamente estudados pelo imigrante húngaro radicado em Montreal, Canadá, Hans Selye, nos idos de 1950.

Por meio de uma série de experimentos com ratos de laboratório, o professor Hans detectou e descreveu o que ele chamou de *resposta adaptativa* ou *reação de adaptação geral*. Ele percebeu que, independente do fator estressante, como frio, calor, privação de sono, falta de alimento, dor etc., a resposta biológica era sempre a mesma.

Também observou que, em curto prazo, o estresse provoca uma série de mudanças adaptativas, que conferem certa vantagem à sobrevivência do organismo, como mobilização de energia (fundamental para a reação de luta ou fuga), inibição da resposta inflamatória e resistência a infecções.

Por outro lado, em longo prazo, o estresse pode provocar alterações mal-adaptativas, conferindo, nesse caso, desvantagem ao organismo, que fica a mercê de uma série de sintomas. Alguns dos efeitos observados por ele foram: úlceras digestivas, atrofia do timo e degranulação dos neutrófilos (afetando o sistema imunológico), além de envelhecimento precoce, arteriosclerose generalizada, entre outros.

O estresse foi dividido em três fases:

Reação de alarme, em que aparecem úlceras e abatimento imunológico.

Estágio de resistência, surgindo um aparente equilíbrio fisiológico depois de cessado o fator estressante.

Estágio de exaustão, quando continuado o fator estressante, que culminou em doença e morte.

Como vimos, o estresse é uma reação de adaptação do organismo aos estímulos que sofre. A seguir, discutiremos como ele se manifesta e quais as cascatas de eventos que ocorrem em nosso organismo.

Fisiologia do estresse

Como pudemos observar, o estresse é uma importante reação do organismo ao perigo, que pode fazer a diferença entre a vida e a morte.

Mediado pelo sistema nervoso central, o organismo libera na corrente sanguínea uma série de substâncias químicas que, por sua vez, desencadeiam uma série de reações. Segundo Kolb e Whishaw (2002), existe uma **via de ação rápida** e uma **lenta**.

Na primeira, o cérebro envia uma mensagem que estimula uma glândula localizada sobre os rins, denominada *adrenal*, a liberar adrenalina no sistema circulatório. Essa reação provoca uma série de comportamentos e alterações, como a dilatação das vias aéreas e o aumento da frequência cardíaca. No ambiente corporativo, podemos relacionar essa fase com situações como uma promoção, um novo desafio ou, ainda, uma demissão inesperada.

Já na via de ação lenta, o cérebro libera uma substância denominada *hormônio adrenocorticotrófico* (ACTH) que, por sua vez, estimula a liberação de glicocorticoides na corrente sanguínea. Sua ação desativa a insulina, paralisa funções reprodutivas e inibe o sistema imunológico, o que poderia explicar a maior vulnerabilidade a infecções oportunistas, principalmente nos casos de estresse crônico, comumente observado nas sociedades modernas (Alves, 2000). Essa fase aplica-se ao estresse diário das empresas, como cobranças do chefe, metas a serem atingidas, contas a pagar, entre outras situações corriqueiras e que fazem parte de todo ambiente de trabalho.

Qualidade do ambiente de trabalho e o estresse ocupacional

Renato Pustilnick

É aqui que normalmente adoecemos e precisamos nos afastar do trabalho valendo-nos do atestado médico, o que anualmente gera um enorme prejuízo para as empresas e para a sociedade como um todo, devido à queda na produção e à elevação dos custos com a saúde pública em procedimentos e internações para o tratamento de doenças. Como exemplos, podemos citar desde gripes e resfriados, comuns sobretudo no inverno, até os casos de depressão, ansiedade e enfarto agudo do miocárdio.

Embora existam fortes evidências de que o estresse contribui para a depressão do sistema imunológico, há casos em que são observadas alterações comportamentais advindas de momentos estressantes, como o uso de drogas, a privação do sono, as alterações no hábito alimentar, entre outras. Essas alterações poderiam provocar certo desequilíbrio orgânico, o que consequentemente acarretaria em uma deficiência imunológica, aumentando a vulnerabilidade a doenças infecciosas (Pinel, 2005).

Podemos observar essa situação nos casos em que o *happy hour* no final do expediente já não é mais suficiente para descontrairmos, ou seja, quando precisamos de mais que uma cerveja com os amigos para relaxar. Dependendo da predisposição que cada um possui e também de outros fatores psicossociais, podemos estar sujeitos às armadilhas do prazer momentâneo, proporcionado pelo uso de drogas lícitas, como o álcool, ou até mesmo ilícitas.

É importante observar aí a instauração de um perigoso ciclo, que começa lentamente e, ao longo do tempo, pode ocasionar verdadeiras tragédias sociais.

A **dependência química** e os **distúrbios de comportamento** relacionados ao estresse nos levam à queda de produtividade e aos conflitos de relacionamento. Estes afetam diretamente em nossa produção e no ambiente de trabalho, podendo acarretar demissões, por exemplo, o que gera ainda mais estresse, fazendo com que busquemos cada vez mais fontes de fuga.

Assim, quando nos dermos conta, poderemos nos encontrar numa verdadeira **roda-viva de autossabotagem**. Não é raro nos depararmos com tais situações, sobretudo nos ambientes de alto escalão, em que as cobranças e as pressões psicológicas tendem a ser ainda maiores.

Esse raciocínio nos leva a crer que os impactos causados pelo estresse em nosso organismo também dependem de como interpretamos e reagimos aos acontecimentos do dia a dia. A estrutura de nossa consciência e personalidade está, portanto, diretamente relacionada aos acontecimentos estressantes.

Acontecimentos estressantes

Embora o estresse seja fundamental para a sobrevivência das espécies, nossos ancestrais certamente não sofriam os estímulos pelos quais sofremos hoje. É difícil imaginar, ou melhor, é praticamente impossível imaginar um *australopithecus africanus*[2] preocupado com a falta de emprego, os juros do cheque especial, as metas que o chefe impôs, o aluguel atrasado, entre outros tantos desafios que o homem moderno criou.

Segundo Alves (2000), existem vários acontecimentos que podem desencadear a resposta de estresse no homem moderno. Ele classifica os acontecimentos em: **estresse de perda, de ganho, de insulto ao amor próprio** (ferida narcísica), **estresse de ameaça e segurança, estresse de decisões, de estimulação, de mudança** e **estresse ambiental**, sendo que estes podem se enquadrar no denominado *eustress* (estresse positivo) e *distress* (estresse negativo) (Alves, 2000).

Não detalharemos cada um desses acontecimentos, no entanto, é interessante que façamos uma reflexão sobre eles, pois o estresse ocasionado

---

2   Espécie bípede que viveu entre três e dois milhões de anos atrás (Infopédia, 2012).

Qualidade do ambiente de trabalho e o estresse ocupacional

Renato Pustilnick

por essas condições está diretamente relacionado com o modo como interpretamos o mundo a nossa volta.

Estresse e personalidade

Como vimos anteriormente, é fundamental a relação existente entre os acontecimentos e o modo como os interpretamos. Esse processo dependerá também de como a nossa personalidade foi estruturada. **Mas como podemos definir *personalidade*?**

Na literatura, existem algumas definições de personalidade que valem a pena ser citadas. A seguir, apresentamos algumas dessas definições:

> "um conjunto de condutas de um determinado indivíduo, que vem desde o seu nascimento, que faz parte de sua estrutura, passando pela sua evolução histórica" (Alves, 2000).

> "a personalidade afeta muito mais do que as condutas do indivíduo, pois estabelece uma certa maneira de pensar, sentir, relacionar-se, comer, dormir e mais, afeta até a sua fisiologia corporal, o metabolismo dos órgãos, células, tecidos etc." (Alves, 2000).

> "s.f. Qualidade do que é pessoal; caráter próprio e exclusivo de uma pessoa; individualidade consciente; pessoa; personagem" (Bueno, 2000, p. 592).

As definições anteriores nos permitem entender que a personalidade é algo construído, cultivado com o passar do tempo, e determina um conjunto de características extremamente singulares em cada indivíduo.

Tomar consciência de nossa personalidade implica em autoconhecimento. Saber nossas limitações, conhecer nossa reação diante de um acontecimento e identificar quando precisamos de ajuda profissional podem fazer toda a diferença em termos de qualidade de vida.

Consciência e estresse

Após certa experiência literária e prática com a administração do estresse, notamos a importância da consciência nos processos emocionais. Trazer fatos à tona é o primeiro e talvez o mais importante passo para revertemos uma situação indesejada, isso valendo para qualquer campo de nossas vidas. Não há como, por exemplo, um dependente químico se livrar de seu vício sem que tome consciência de que está doente e que precisa de ajuda. O mesmo vale para aqueles que sofrem de depressão e outras moléstias.

Um exemplo é o caso do indivíduo que se vê a beira de um "ataque de nervos" devido ao "furo" do cheque especial, à dívida do cartão de crédito e ao aluguel atrasado. Enquanto ele não tomar consciência real do problema, analisar friamente a situação e buscar ajuda, o fator de estresse continuará a estimular o seu organismo, desencadeando todas as reações fisiológicas e emocionais que estudamos anteriormente.

Para entendermos melhor essa questão, vejamos algumas definições de ***consciência***:

> "s. f. Lucidez; senso de responsabilidade; sentimento ou percepção do que se passa em nós; voz interior aprovando ou reprovando as nossas ações" (Bueno, 2000, p. 190).

> "É o que diferencia o homem dos animais e, principalmente, o que diferencia os seres humanos entre si. Quanto maior o grau de consciência que alguém tem a respeito de si, de seu meio ambiente e da vida em geral, menos sujeito estará ao stress. Se você deseja ficar imune ao stress, adquira uma consciência suficientemente forte e garanto que isto acontecerá!" (Alves, 2000, p. 47).

Definitivamente, não há como administrar situações indesejadas em nossa vida sem a palavra-chave: *consciência*. Há várias formas de "treinarmos" a sensibilidade de nossa consciência. Mais adiante veremos algumas

Qualidade do ambiente de trabalho e o estresse ocupacional

Renato Pustilnick

formas simples de como podemos fazer isso. Porém, é imprescindível que um conceito seja analisado: o da autoflexibilização.

O que se denomina *autoflexibilização* é um exercício constante, o qual permite ao indivíduo ser mais "generoso" consigo mesmo. Muitas das doenças psicossomáticas são consequentes do sentimento de culpa e de autopunição – um processo normalmente silencioso que habita os labirintos do inconsciente desde a vida intrauterina.

O consciente é apenas a ponta do *iceberg*. Abaixo dele está o inconsciente, que há anos se tornou o objeto de estudo da psicanálise e das ciências afins. Fazer a ponte entre o inconsciente e o consciente é um processo que exige tempo, dedicação, paciência e, sobretudo, o auxílio de um profissional competente.

> A partir de agora, reflita e pergunte-se se você é realmente generoso e paciente consigo mesmo. Quantas vezes você já se insultou? Já agrediu a si mesmo? Odiou-se ou culpou-se?

Na administração do estresse, a autoanálise é muito importante. O processo pelo qual podemos compreender o todo, ou seja, as relações que desenvolvemos com o meio e o modo como as vivenciamos, acontece de **dentro para fora**.

Se não conhecermos e cuidarmos de nós mesmos, como vamos nos relacionar com os outros? A partir daí, fica menos penosa a tarefa de compreender os limites do outro. Isso implica aceitar que os seres que convivem em nosso ambiente de trabalho são tão humanos quanto nós e, portanto, sujeitos a falhas e acertos, uns mais e outros menos, em áreas distintas.

Respeitar as diferenças é tarefa fundamental para que uma equipe trabalhe em harmonia e consiga melhores resultados.

Síntese

Neste capítulo, vimos como as novas demandas da sociedade moderna e as mudanças de comportamento têm aumentado a frequência de casos de estresse ocupacional. Também vimos como este está relacionado ao trabalho, sobretudo em organizações que implementam a filosofia de qualidade total, sendo uma importante causa de agravos à saúde física e mental, colaborando para o afastamento dos postos de trabalho, queda da produtividade, entre outros fatores. Além disso, o conceito de "zero defeito" pode contribuir para o aumento de expectativas e gerar conflitos psicossociais.

Discutimos também as fases do estresse e o reconhecemos como uma reação de adaptação do organismo. Refletimos, enfim, sobre as possíveis consequências à saúde, visto que o estresse provoca uma série de alterações fisiológicas, tais como hipertensão arterial, queda da resistência, problemas cardíacos, distúrbios do sono, depressão e ansiedade.

Questões para revisão

1 O estresse ocupacional tem sido fator de crescente preocupação nas empresas. Explique o motivo dessa preocupação.

Qualidade do ambiente de trabalho e o estresse ocupacional

Renato Pustilnick

2 Explique como podemos relacionar as fases do estresse fisiológico ao dia a dia nos ambientes de trabalho.

3 De acordo com o que estudamos no tópico sobre acontecimentos estressantes, marque a alternativa que julgar correta:

a Uma demissão está relacionada ao estresse de ganho, levando o indivíduo a produzir mais.

b Uma promoção não pode ser vista como fator estressante, já que não provoca nenhuma reação de estresse no organismo.

c Ofensas à aparência estão relacionadas ao estresse do tipo "ferida narcísica", afetando a autoestima e dando brecha para possíveis processos de assédio moral.

d O estresse ocupacional não merece cuidados especiais, já que faz parte de todo ambiente de trabalho.

4 Nas alternativas a seguir, marque (V) para verdadeiro ou (F) para falso:

( ) A personalidade nada tem a ver com as consequências do estresse nos indivíduos.

( ) A forma como interpretamos os acontecimentos nunca tem relação com o impacto destes em nosso desempenho.

( ) A personalidade não afeta nossas atitudes e reações no ambiente de trabalho, já que somos todos iguais, ou seja, o que vale para um, serve para todos.

( ) O autoconhecimento pode ser um importante aliado na administração do estresse, auxiliando-nos na aprendizagem de como gerenciar as questões que nos cercam.

5 Marque a alternativa que responde de forma correta a questão a seguir:

Como a consciência pode auxiliar nos processos de gerenciamento do estresse ocupacional em uma empresa?

a A consciência não é importante no processo. Tudo que precisamos é seguir nossa intuição.

b O gerenciamento do estresse ocupacional depende única e exclusivamente de uma boa equipe e de um planejamento sólido na área de qualidade, não se relacionando como os aspectos comportamentais do resto do grupo.

c A consciência é tão ineficaz quanto é, para um dependente químico, compreender que é doente e precisa de ajuda profissional.

d Tomar consciência de como agimos e reagimos diante de certas situações é o primeiro passo para solucionarmos as questões que nos causam aflição, já que nos sinaliza quando precisamos de ajuda e nos motiva à ação em busca de melhorias.

Questões para reflexão

1 Discuta com seus colegas de trabalho quais alternativas poderiam ser aplicadas para a administração do estresse ocupacional em seus ambientes de trabalho.

2 Debata com seus colegas: O estresse ocupacional deveria ser mais discutido pela sociedade?

Qualidade do ambiente de trabalho e o estresse ocupacional

Renato Pustilnick

Para saber mais

Se você se interessa pelo tema **estresse** e outros temas relacionados à neurociência, sugerimos a leitura dos seguintes livros:

ALVES, G. L. B. **Consciência e o stress**. Curitiba: Souza, 2000.

KOLB, B.; WHISHAW, I. Q. **Neurociência do comportamento**. São Paulo: Manole, 2002.

Qualidade

6
Qualidade de vida: administração do estresse

Conteúdos do capítulo

- **A** qualidade total começa de dentro para fora.
- **E**stratégias para administração do estresse ocupacional.
- **O** que você pode fazer para administrar o seu estresse?
- **A** atividade física.
- **T**écnicas de relaxamento.
- **E**stratégias mentais.
- **M**editação: uma alternativa simples e de baixo custo para a administração do estresse ocupacional.
- **O** que não é meditação.
- **O** que é meditação.
- **C**ontraindicações.

Após o estudo deste capítulo, você será capaz de:

- **s**aber o que as empresas têm feito para melhorar o ambiente de trabalho;
- **i**dentificar estratégias para administrar o estresse pessoal;
- **c**onhecer os benefícios da meditação;
- **r**ealizar exercícios simples e práticos para administrar o seu estresse.

Qualidade de vida: administração do estresse

Renato Pustilnick

A qualidade total começa de dentro para fora

Nos capítulos 3 e 4, vimos as ferramentas da qualidade, suas aplicações e os princípios que norteiam o conjunto de normas ISO. Entre os princípios, analisamos aspectos como liderança, envolvimento de pessoas e foco no cliente. No que se refere às ferramentas, analisamos o ciclo PDCA, GUT, 5Ws e 2Hs etc. A questão aqui é: **Como aplicar tais conceitos de forma eficiente e contínua?**

Será a qualidade um sistema a ser desenvolvido externamente aos indivíduos de uma organização? Se um de seus princípios mais importantes é o envolvimento contínuo de todos os membros da organização, é fundamental que cada um faça a sua parte. Para isso, é necessário que o processo ocorra também "de dentro para fora", ou seja, partindo de cada indivíduo. É necessário adotar uma postura ativa nos cuidados pessoais, pois sabemos que as empresas buscam novos talentos que tenham uma postura proativa, e esse olhar cuidadoso pode ser um importante diferencial para o profissional.

Se é verdade que a organização tem que cuidar de todos os aspectos, incluindo o ambiente saudável e o bem-estar dos empregados, também é verdade e importante que cada um dos envolvidos cuide de si, aprendendo a identificar seus limites e pontos fortes e fracos, para conseguir realizar suas tarefas dentro de uma rotina tão cheia de exigências como a implementação de um sistema total de qualidade. Afinal, se o indivíduo não estiver bem, como poderá colocar em prática a complexa cascata de ações que compõem o sistema de qualidade?

Neste capítulo, analisaremos algumas estratégias que podem ser adotadas tanto pela organização quanto por nós, rumo à qualidade total, tendo como foco a administração do estresse ocupacional. Iniciaremos por um estudo de caso.

Boas práticas e melhores empresas para trabalhar – estudo de caso

Segundo a revista especializada em informática *Computerworld* (2011), a 6ª edição do prêmio *Melhores Empresas para Trabalhar em TI & Telecom*, realizada pelo Great Place to Work (GPTW) e que ocorreu em 2011 no Brasil, apontou que as organizações estão mais empenhadas em proporcionar ambientes de trabalho mais saudáveis, investir no conhecimento e no reconhecimento de seus profissionais, sendo este um importante diferencial na hora da escolha profissional. Tais cuidados levaram uma famosa empresa de TI a conquistar pela segunda vez consecutiva a primeira posição no *ranking* entre as empresas eleitas.

Entre os diferenciais que fazem parte do dia a dia das empresas em destaque, encontram-se programas de benefícios tais como:

- saúde;
- integração;
- relaxamento;
- desenvolvimento profissional;
- comemoração;
- reconhecimento e oportunidades profissionais.

Aspectos como decoração descontraída, integração a áreas de lazer com mesas de jogos, ambientes destinados ao relaxamento e ausência de organogramas fazem parte das estratégias que visam ao bem-estar da equipe, motivo pelo qual os profissionais têm escolhido esse perfil de empresa, abrindo mão de maiores salários. O estudo também aponta que

Qualidade de vida: administração do estresse

Renato Pustilnick

as empresas estão percebendo cada vez mais que funcionários satisfeitos produzem melhores resultados.

O evento tem evidenciado que as empresas melhores colocadas estão cada vez mais comprometidas com os fatores **qualidade de vida** e **bem-estar** no ambiente de trabalho, tanto que, a média geral, comparando-se as 95 empresas premiadas no ano de 2011 com as 70 empresas premiadas em 2010, aumentou aproximadamente em 2,2 pontos, ou seja, há mais empresas participantes e melhores resultados.

Estratégias para administração do estresse ocupacional

Os tipos de estresses que estudamos no capítulo anterior podem estar direta ou indiretamente relacionados entre si. Um estresse pode levar a outro, tornando o dia a dia do indivíduo bastante desconfortável, comprometendo o rendimento nas atividades profissionais e afetando sua vida pessoal. Por exemplo: o estresse físico pode contribuir para o estresse psicossocial ou, ainda, o estresse de frustração poderá ocasionar estresse físico e assim por diante.

Felizmente, existe uma série de possibilidades para aliviar a pressão – antes mesmo de os sintomas aparecerem – que oferecem alternativas não apenas na administração, mas na prevenção do estresse. Como vimos no estudo de caso, as organizações têm oferecido uma extensa gama de estratégias em seus programas de benefícios, as quais envolvem desde os aspectos físicos do ambiente de trabalho até os psicossociais.

Assim, as empresas têm investido em infraestrutura para implementar seus programas, como, por exemplo, os ambientes para relaxamento: são disponibilizadas salas para que os profissionais possam tirar um "cochilo" no intervalo do expediente a fim de se refazer do cansaço. Outras oferecem salas com mesas de pingue-pongue, e ainda há aquelas que investem em ginástica laboral, oferecendo pausas diárias com exercícios físicos a fim de evitar problemas relacionados à rotina de trabalho.

Outra estratégia que tem se manifestado nos ambientes corporativos é a tendência de diminuição da pressão no ambiente de trabalho formal. Para isso, as empresas apostam na ausência de cronogramas rígidos e permitem que seus funcionários trabalhem com total flexibilidade de horário, podendo também utilizar a prática do *home office*, ou seja, trabalhar ou realizar parte das atividades em casa, sem necessariamente ter de se deslocar até a empresa.

No entanto, infelizmente, nem todas as empresas adotam tais estratégias. Nesse sentido, é importante que cada um encontre a sua maneira de **administrar o estresse**, já que uma vida saudável advém de hábitos saudáveis, como ter uma boa alimentação, praticar atividades físicas, dormir adequadamente, dedicar um tempo ao lazer e cultivar boas amizades. Todos esses hábitos são fundamentais para o equilíbrio físico e mental, pois resultam na liberação de neurotransmissores, como a endorfina, que confere a sensação de prazer.

Discutiremos a seguir algumas estratégias que podem ser úteis para você aplicar em seu dia a dia. Acompanhe conosco.

O que você pode fazer para administrar o seu estresse?

Por melhor que seja o nosso ambiente de trabalho, lamentavelmente não podemos nos ver totalmente livres do estresse. Na verdade, talvez nem mesmo isso seja desejável, já que o estresse é um importante mecanismo de defesa e adaptação.

Qualidade de vida: administração do estresse

Renato Pustilnick

Citamos anteriormente alguns hábitos saudáveis que podem ser adotados. Neles verificamos a existência de dois principais grupos de estratégias que podem também ser seguidos, didaticamente divididos em **estratégias corporais** e **mentais**.

A atividade física

Entre as estratégias corporais, encontramos as atividades físicas. Como exemplos, podemos citar a caminhada, a corrida, o ciclismo, a dança, a natação, as artes marciais, entre outras. A atividade a ser escolhida depende, dentre outros fatores, da aptidão física, sobretudo do prazer que ela irá proporcionar ao praticante, tendo em vista que o estresse causado por uma atividade não prazerosa pode ser tão ou mais prejudicial que a ociosidade.

Atente para o fato de que cada um possui limites particulares. A dor é um importante alarme que jamais pode ser desprezado, assim como qualquer outro desconforto antes, durante e após a atividade física. Esta, antes de qualquer coisa, deve ser prazerosa, jamais se tornando uma "tortura" para quem a pratica. Nunca é demais lembrar que, antes de praticar qualquer atividade, é fundamental consultar um profissional de saúde para fazer uma **avaliação física** e seguir as orientações prescritas.

Do ponto de vista biológico, os seres humanos são organismos que têm como característica a capacidade de se movimentar. Nosso corpo não foi "projetado" para ficar parado, no entanto, o estilo de vida moderno força a aquisição de uma série de hábitos que vão contra a nossa natureza. Ficar horas a fio sentado em frente ao computador ou atendendo ao telefone são práticas comuns no cotidiano de muitos trabalhadores e estudantes. Sem contar que, para nos deslocarmos de casa para o trabalho e vice-versa, dedicamos horas do dia sentados ao volante, em meio a um trânsito caótico, em veículos modernos que não exigem mais o esforço de levantar ou abaixar os vidros, o que nos torna ainda mais "acomodados".

O elevador é outro conforto tentador, mesmo quando precisamos subir apenas um ou dois lances de escada. Os confortos da sociedade moderna geram uma série de hábitos que nos tornam cada vez mais ociosos. Esse fato aliado à cultura alimentar e ao estresse diário resulta em uma fórmula um tanto quanto perigosa à saúde humana.

Há um consenso de que, se você não pode ou não quer se tornar um atleta, algumas mudanças simples nos hábitos podem fazer toda a diferença em relação à manutenção da saúde e à qualidade de vida. Por exemplo: Se você mora próximo ao trabalho, por que ir de carro? A melhor alternativa é ir a pé ou de bicicleta. Já está comprovado que, nos horários de pico, chega antes quem está a pé ou de bicicleta. Além de tudo, você estará contribuindo para sua saúde e a da população em geral, já que estará colaborando na redução de poluentes na atmosfera e para o controle do aquecimento global. Parece bobagem, mas imagine se houvesse uma mudança de atitude geral da população em relação a essa questão: a qualidade do ar e o trânsito de cidades como São Paulo, Rio de Janeiro, Curitiba, Nova Iorque, Hong Kong etc. seriam muito melhor.

Do mesmo modo, em vez de usar o elevador, use as escadas quando os lances que você tiver que subir forem poucos. Se estiver utilizando o sistema de transporte coletivo, experimente descer uma parada antes do seu destino e caminhar o resto do percurso. Ir à panificadora ou à farmácia a

Qualidade de vida: administração do estresse

Renato Pustilnick

pé é mais um exemplo. Muitos se recusam a caminhar uma ou duas quadras, indo de carro e colaborando com a poluição e os congestionamentos. São atitudes simples e baratas que, ao final de um ano, refletem em benefícios para a saúde, para o meio ambiente e para o bolso do cidadão.

Ademais, você pode e deve recorrer a profissionais que irão avaliar sua condição física e recomendar uma série de práticas programadas especialmente para o seu tipo físico, além de objetivos a serem atingidos.

Técnicas de relaxamento

Embora o movimento seja fundamental para a manutenção da saúde, há momentos em que se deve fazer exatamente o oposto.

Segundo Bueno (2000), relaxar implica em descontrair, deixar de realizar força. Há um gasto considerável de energia para manter o corpo em movimento, e um gasto maior ainda quando se exige uma atividade intelectual intensa. Para se ter ideia, o cérebro é o órgão que consome mais oxigênio no organismo, cerca de 70% (Kolb; Whishaw, 2002).

Para recompor as energias, é necessário fazer uma pausa, além de uma alimentação adequada. Mas por que as pessoas relatam tanta dificuldade em relaxar? Um dos principais motivos está no fato de se fazer considerável esforço para isso. Apenas essa atitude já gera certa tensão no corpo e na mente, impedindo o relaxamento (Osho, 2005).

É preciso entender que corpo e mente são indissociáveis. A consciência e o relaxamento são elementos que estão sempre juntos. Sem um não há o outro. A consciência é o primeiro passo para que o indivíduo pare e relaxe (Osho, 2005).

Ao final deste capítulo, propomos um exercício que você poderá praticar para experimentar as sensações que o relaxamento físico pode proporcionar.

Estratégias mentais

Embora as atividades físicas ofereçam importantes efeitos na mente, consequência da liberação de neurotransmissores que provocam bem-estar (lembra da endorfina?), existe uma técnica que há milhares de anos vêm sendo praticada: a **meditação**.

Há algum tempo, a ciência moderna, notadamente a ocidental, abriu os olhos para essa técnica a fim de testar seus efeitos, sendo que muitos têm sido comprovados por meio de análises laboratoriais.

Hoje é possível mapear em tempo real o funcionamento cerebral e visualizar quais áreas estão em atividade, com a produção de imagens coloridas e em três dimensões. Segundo Pinel (2005), um exemplo é a tomografia de ressonância magnética funcional (RMf). A tecnologia da RM tem sido aplicada com grande sucesso na mensuração da atividade cerebral.

O avanço tecnológico tem permitido aos cientistas analisar o efeito de técnicas que há milênios vêm sendo utilizadas, principalmente pelas culturas orientais. Técnicas de relaxamento, oração (cura pela fé), meditação

Qualidade de vida: administração do estresse

Renato Pustilnick

e os efeitos da música são alguns dos objetos de estudo dessas pesquisas. As análises têm revelado a alteração nas ondas cerebrais provocadas pelo uso dessas técnicas (Lazar, 2005).

Para a administração do estresse mental, a música, as técnicas de relaxamento e a meditação são importantes ferramentas de auxílio, também atuando na redução dos níveis de adrenalina circulante e reforçando o sistema imunológico, o que mantém o indivíduo equilibrado e protegido contra infecções oportunistas (Alves, 2000).

Para nós do Ocidente, onde a cultura de certa forma não foi acostumada com esses tipos de conhecimentos milenares, as técnicas atingem seu maior efeito quando associadas a exercícios físicos regulares e psicoterapias. Vale lembrar que, como em qualquer outra atividade, também é fundamental que a prática seja disciplinada. É preciso continuidade para que os efeitos sejam sentidos a curto, médio e longo prazos, caso contrário, ocorrerá o mesmo que com um atleta que fica meses sem treinar (Cardoso, 2005).

O cérebro libera e regula uma série de substâncias químicas capazes de controlar emoções como afeto, alegria, raiva e angústia (Cairo, 2006). As células do corpo reagem a essas substâncias criando receptores. É como se fosse um sistema de chave-fechadura, em que cada molécula (chave) possui o seu receptor (fechadura) na superfície da membrana celular (Junqueira; Carneiro, 1997).

Imagine uma pessoa que possui vício em álcool. Ela tem um grande número de receptores para a droga em suas células. Por isso, quando os níveis de concentração dessa substância estão reduzidos, o organismo arruma uma forma de "solicitar" a sua reposição. Quanto maior o consumo, maior será o número de receptores criados e maior será a crise de abstinência, tornando-se um ciclo, literalmente, vicioso.

Esse princípio vale para qualquer droga, inclusive aquelas que o nosso organismo produz. Ou seja, podemos ficar verdadeiramente "viciados" nas substâncias que controlam a raiva, a ira, a inveja, a depressão etc., aumentando o número de receptores e a necessidade de manter certo padrão comportamental.

Felizmente, podemos alterar isso mediante a adoção de hábitos e atitudes mais saudáveis, como atividades físicas e estratégias mentais. Assim como um fumante leva tempo para mudar os hábitos, reduzindo o número de receptores para a nicotina, um ansioso também precisará de tempo e paciência para rever os seus conceitos e mudar o seu comportamento.

É nesse ponto que entra a conscientização, a perseverança e o apoio familiar. Infelizmente, em nossa sociedade isso não é muito bem compreendido ainda, mas vale a pena insistir, pois os resultados são a maior recompensa.

Qualidade de vida: administração do estresse

Renato Pustilnick

Meditação: uma alternativa simples e de baixo custo para a administração do estresse ocupacional

Ao contrário do que muitos podem imaginar, entre as estratégias mentais, talvez a meditação seja uma das mais acessíveis, devido a sua facilidade de aprendizado e execução.

Em princípio, qualquer pessoa pode aprender a meditar. Além disso, os exercícios podem ser realizados em casa, no trabalho, ao ar livre, quando você está sentado, em pé, parado ou em movimento. Após passar por uma curva de aprendizado relativamente simples, o praticante estará apto a realizar por si só as práticas meditativas, o que torna a meditação uma atividade eficiente e barata no que se refere à administração do estresse.

Tais características tornam a meditação uma boa alternativa para ser implementada em ambientes de trabalho como proposta para prevenir o estresse ocupacional, não exigindo maiores investimentos em infraestrutura.

Para compreendermos melhor a questão da meditação, faremos a seguir uma discussão a esse respeito.

O que não é meditação

Definir *meditação* pode não ser tão simples como parece. Por isso primeiramente vamos definir o que ela não é.

Quando falamos em meditação, imediatamente nos vem à mente a imagem de um monge budista sentado na tradicional posição de lótus, com os olhos fechados e em silêncio durante horas a fio. Embora esse seja o estereótipo que caracteriza a prática, existem outras formas que se adequam à meditação, ou seja, não é necessário assumir a posição de lótus para meditar. Além disso, a meditação não reduz o nível de concentração do indivíduo nem leva o praticante ao sono profundo. Segundo Cardoso (2005), o praticante está longe de estar inconsciente, muito pelo contrário: a meditação serve justamente para treinar o chamado *músculo da atenção*, permitindo aos seus praticantes desenvolver cada vez mais a sua capacidade de foco e concentração.

A meditação utiliza uma série de técnicas que são praticadas na forma de exercícios. Logo, ela exige tempo e dedicação de seus praticantes para se atingir resultados, assim como em qualquer outra atividade. Da mesma forma que um pianista precisa praticar, o meditador necessita dar continuidade em suas práticas (Davich, 2006).

Outra confusão muito comum é aquela que caracteriza a meditação como sendo uma atividade muito difícil, passiva e tediosa, ou ainda uma técnica para dormir com práticas que exigem mudanças radicais no dia a dia do indivíduo. Saiba que isso não é verdade (Cardoso, 2005).

Em geral, as técnicas meditativas são extremamente simples, existindo ainda algumas realizadas em movimento, que são tudo, menos tediosas. Uma delas certamente se encaixará ao seu perfil.

A meditação, como já citamos, serve para treinar o músculo da atenção e, embora leve os seus praticantes a níveis alterados de consciência, produzindo efeitos de profundo relaxamento, não serve para o indivíduo

Qualidade de vida: administração do estresse

Renato Pustilnick

dormir, ainda que um de seus benefícios seja justamente a melhora da qualidade de sono das pessoas (Cardoso, 2005).

Outro ponto é que a meditação deve, como qualquer outra atividade, ser salutar e prazerosa. Mudanças radicais não costumam oferecer prazer às pessoas. Se a meditação não lhe for agradável, procure outra prática que seja melhor para você.

O que é meditação

O ato de meditar está diretamente relacionado ao pensamento – o *pensar* no sentido de *refletir*.

Segundo o dicionário Houaiss da língua portuguesa, meditar é "estudar o pensamento, a maneira, o aspecto, o conteúdo de; pensar sobre; ponderar [...] preparar alguma coisa amadurecendo-a longamente; projetar; intentar; [...] sujeitar (algo) à meditação ou entregar-se a longas e profundas reflexões; pensar longamente sobre (ou em); refletir" (Houaiss; Villar; Franco, 2009).

Em relação à prática proposta, meditar implica, basicamente, relaxar o corpo e focar em um ponto imaginário. Esse ponto, chamado *ponto de âncora*, é útil para treinar o músculo da atenção, fazendo com que o praticante "desligue-se" momentaneamente de outros pensamentos.

Esses pequenos *instantes de desligamento* podem ser preciosos aliados na administração do estresse ocupacional, já que ajuda o indivíduo a relaxar, a aliviar as tensões e a afastar-se dos pensamentos geradores de preocupação.

Segundo Davidson, citado por Kraft (2005), "as conexões do cérebro não são fixas. Isso quer dizer que ninguém precisa ser para sempre o que é hoje. [...] Meditação não significa sentar-se embaixo de uma mangueira e curtir o momento. Ela envolve profundas modificações do ser. A longo prazo, nos tornamos outra pessoa".

Portanto, é um erro afirmar que a meditação tem por objetivo fazer com que o indivíduo não pense em nada. Segundo Pustilnick (2010, p. 103):

> O que a meditação faz, e é daí que vem a confusão, é utilizar o que se chama "ponto de âncora". O meditador concentra-se em um determinado ponto, como a sua própria respiração, ou uma imagem, ou ainda seus passos no chão, tentando de forma serena e sem cobrança, não ter a sua atenção desviada por outros pensamentos.

Como exemplo, imaginemos que você adotou para um determinado período a técnica da meditação que usa como ponto de âncora a própria respiração. Durante a prática, você relaxará o máximo possível a musculatura do corpo e se concentrará na entrada e saída do ar. Nesse período, pensamentos invadirão naturalmente sua mente, no entanto, calmamente, você voltará o foco para a respiração, sem cobranças e prejulgamentos, pois esse é um processo absolutamente natural. À medida que você adquire a prática, mais fácil se torna a aplicação da técnica.

A prática meditativa pode proporcionar benefícios à saúde cientificamente comprovados. Segundo Pustilnick (2010), entre os principais benefícios encontram-se:

- queda da pressão arterial;
- redução na dependência de drogas;
- redução do número de cigarros fumados por dia;
- diminuição dos níveis de colesterol;
- queda dos episódios de angina;
- menor número de enfartes fatais;
- alívio da dor crônica;
- redução dos níveis de ansiedade;

Qualidade de vida: administração do estresse

Renato Pustilnick

- redução do estresse;
- melhora da concentração;
- diminuição na frequência de resfriados e dores de cabeça;
- gravidade da hipertensão reduzida;
- aumento das defesas contra tumores e vírus em idosos;
- aumento dos níveis de células auxiliares (proteção contra doenças infecciosas).

Contraindicações

Embora possamos considerar a meditação uma prática segura e bem documentada, é bom observar que, em alguns casos especiais, ela deve ser praticada tomando-se alguns cuidados. Em outros, ele deve ser evitada.

Devemos observar um certo intervalo de tempo (pelo menos uma hora), antes ou após algumas situações, para meditar, como, por exemplo:

- imediatamente antes ou após psicoterapia;
- imediatamente antes de dormir;
- após um jejum prolongado;
- após farta alimentação;
- antes ou após a ingestão de álcool ou drogas.

Em alguns casos, como o estresse pós-traumático e as fobias específicas, a meditação deve ser praticada em associação com outros tratamentos, como as psicoterapias. A meditação deve ser evitada na presença de alguns diagnósticos, tais como:

- pacientes com tumores cerebrais;
- esquizofrenia (cerca de 80% pioram);
- pacientes portadores de Transtorno Depressivo Maior, DSM-IV (Manual Diagnóstico e Estatístico de Transtornos Mentais)[1];
- estágios emocionais agudos;
- obsessivos compulsivos.

Segundo Pustilnick (2010), como está comprovado que a meditação altera a química cerebral, é fundamental que as recomendações de contraindicação sejam respeitadas.

Síntese

As mudanças na atitude, na postura, na cultura alimentar e o sedentarismo são alguns exemplos que têm levado a um incremento no número de casos de doenças do coração, derrames, câncer, depressão, entre outros prejuízos à saúde humana e ao meio ambiente. Muitas dessas enfermidades são motivadas pela carga constante e crescente de estresse nos ambientes de trabalho. Felizmente, existem estratégias que permitem administrar o estresse ocupacional e oferecem uma melhor manutenção à saúde individual e coletiva.

Classificadas em estratégias físicas e mentais, elas oferecem um grande número de possibilidades. As atividades físicas podem ser praticadas para aliviar o estresse ocupacional e melhorar significativamente a saúde, porém sempre com orientação profissional. Já a meditação pode ser adotada como prática segura e de baixo custo para o relaxamento físico e mental, observando-se sempre as contraindicações.

---

1   Do inglês *Diagnostic and Statistical Manual of Mental Disorders*.

Qualidade de vida: administração do estresse

Renato Pustilnick

Questões para revisão

1 De que forma os tipos de estresse podem estar relacionados? Cite exemplos.

2 Cite alguns exemplos de estratégias para a administração do estresse ocupacional, classificando-as em físicas e mentais.

3 Responda:

Você tomaria algum cuidado antes de adotar qualquer uma das práticas descritas na questão anterior?

a Não. Atividades físicas e mentais são sempre saudáveis e podem ser feitas sem qualquer orientação.

b Sim. Primeiramente faria uma avaliação médica. Em seguida, procuraria orientação profissional quanto à modalidade mais adequada para mim.

c O que faz bem para meu colega certamente fará bem para mim. Logo, só preciso da indicação de amigos.

d Todas as alternativas anteriores estão incorretas.

4 Quanto à meditação, assinale a alternativa **incorreta**:

a Os benefícios da meditação têm sido testados e reconhecidos cientificamente.

b A meditação auxilia no controle da hipertensão arterial, no alívio das dores crônicas, na melhora do sono e da concentração, entre outros benefícios.

c Meditar promove o relaxamento muscular.

d Qualquer um, sem exceção, pode praticar a meditação.

5 Existem casos em que a meditação deve ser praticada com cautela?

a Não, pois a meditação sempre apresenta benefícios.

b Difícil dizer, já que se trata de uma prática pouco estudada.

c Sim. Em pacientes portadores de Transtorno Depressivo Maior, esquizofrenia, tumores cerebrais, estágios emocionais agudos, obsessivos compulsivos, entre outros.

d Somente a alternativa "c" está incorreta.

Questão para reflexão

1 Imagine-se como consultor na área de prevenção do estresse ocupacional. Que sugestão a ser implementada você daria a uma empresa para auxiliar no bem-estar dos funcionários e melhorar o rendimento destes?

Para saber mais

Se você quiser saber mais sobre os assuntos deste capítulo, sugerimos as seguintes leituras:

DAVICH, V. **8 minutos de meditação**: aquiete sua mente, mude sua vida. Campinas: Verus, 2006.

PUSTILNICK, R. **Administração do estresse = qualidade de vida**: dicas para uma vida saudável e produtiva. Curitiba: Ibpex, 2010.

Para concluir...

A qualidade está presente constantemente em nosso dia a dia, na busca por fazer sempre o melhor, seja nas empresas, na tentativa de melhorar os produtos e serviços, seja na oferta de maior qualidade de vida às pessoas, que, como as organizações, já perceberam que somente fazendo da melhor maneira e sempre inovando é que se alcança o sucesso e a satisfação.

Em relação a produtos e serviços, a qualidade teve início com a necessidade de sobrevivência das empresas e como diferencial nos negócios; hoje, no entanto, ela é essencial. Portanto, a necessidade de execução das tarefas com qualidade, de maneira eficaz, que traga melhores resultados e que, principalmente, leve à satisfação plena do cliente é questão imprescindível para a sustentabilidade da organização e a empregabilidade dos indivíduos.

No entanto, como comentado no decorrer desta obra, nem todas as empresas aplicam as ferramentas de qualidade de forma eficaz e alcançam verdadeiramente a qualidade desejada. Com relação aos indivíduos, os profissionais que atuam nessas empresas também encontrarão dificuldades em adquirir conhecimento e aplicar as ferramentas básicas da qualidade.

As ferramentas são de simples compreensão, de fácil aplicabilidade e contribuem muito para garantir o padrão de qualidade esperado pelos clientes. Por isso, esta obra se propôs a apresentá-las e a discorrer sobre a qualidade na empresa como proposta de atuação do profissional, visando à satisfação do cliente e ao seu bem-estar.

O cliente, portanto, é o foco. Quanto mais você perceber do que ele gosta, como ele gosta, quais os aspectos que mais lhe chamam a atenção, o que mais o irrita, enfim, quanto mais você perceber o seu cliente, mais fácil será de satisfazê-lo e, por consequência, fazer um trabalho de qualidade.

Primeiramente, é importante definirmos quem são nossos clientes. Conforme citamos, são todas as pessoas com as quais nos relacionamos diretamente entregando nossos serviços ou que nos procuram necessitando de nossos préstimos, sejam estas de dentro ou de fora da empresa em que trabalhamos.

O profissional que não conquistar e manter um nível satisfatório de qualidade no seu dia a dia pode, como vimos no decorrer do Capítulo 1, acarretar consequências bastante significativas para sua carreira profissional.

A relação dos profissionais dentro de uma organização com a qualidade total tem seu destaque a partir do momento em que estes têm em mente a importância da qualidade, e esta é vista dentro do contexto organizacional, com suas atividades e procedimentos atendendo as necessidades de clientes internos e externos.

Todos os profissionais estão sujeitos a uma carga constante e crescente de estresse no ambiente de trabalho, muitas vezes em função da progressiva preocupação na busca da qualidade total, que se constitui uma importante causa nos agravos da saúde física e mental, colaborando para o afastamento dos postos de trabalho e a queda na produtividade, entre outros fatores.

Felizmente, existem estratégias que nos permitem administrar o estresse ocupacional, oferecendo uma melhor manutenção à saúde individual e coletiva. Nesse sentido, a **busca pela melhoria contínua** deve ser o objetivo de todo profissional, que deve procurar por atualizações e aperfeiçoamentos constantes e prestar serviços com a maior qualidade possível, mas sem se descuidar de sua saúde física e mental.

Referências

ALVES, G. L. B. **A consciência e o stress**. Curitiba: Souza, 2000.

BRASSARD, M.; RITTER, D. O. **O impulsionador da memória II**: um guia de bolso com ferramentas para melhoria contínua e o planejamento eficaz. Salem: Goal/QPC, 1994.

BUENO, S. **Mini dicionário da língua portuguesa**. São Paulo: FTD, 2000.

CAIRO, C. **Linguagem do corpo**: aprenda a ouvi-lo para uma vida saudável. São Paulo: Mercuryo, 2006.

CAMPOS, V. F. **TQC**: controle da qualidade total (no estilo japonês). Nova Lima: INDG, 2004.

CARDOSO, R. **Medicina e meditação**: um médico ensina a meditar. São Paulo: MG, 2005.

CARPINETTI, L. C. R.; MIGUEL, P. A. C.; GEROLAMO, M. C. **Gestão da qualidade ISO 9001: 2000** – princípios e requisitos. São Paulo: Atlas, 2007.

CARVALHO, M. N. de; PALADINI, E. P. (Org.). **Gestão da qualidade**: teoria e casos. Rio de Janeiro: Elsevier, 2005.

COMPUTERWORLD. **Google ganha o Melhores Empresas para Trabalhar 2011 em TI & Telecom**. 21 jul. 2011. Disponível em: <http://computerworld.uol.com.br/gestao/2011/07/21/google-ganha-o-melhores-empresas-para-trabalhar-20112013ti-telecom>. Acesso em: 17 abr. 2012.

CROSBY, P. B. **Quality is Free**: The Art of Making Quality Certain (Paperback). Dublin: Mentor Books, 1992.

DAVICH, V. **8 minutos de meditação**: aquiete sua mente, mude sua vida. Campinas: Verus, 2006.

HOUAISS, A.; VILLAR, M. de S.; FRANCO, F. M. de M. **Dicionário eletrônico Houaiss da língua portuguesa**. Versão 3.0. Rio de Janeiro: Instituto Antônio Houaiss; Objetiva, 2009. 1 CD-ROM.

INFOPÉDIA. **Australopithecus africanus**. Disponível em: <http://www.infopedia.pt/$australopithecus-africanus>. Acesso em: 21 maio 2012.

JUNQUEIRA, L. C.; CARNEIRO, J. **Biologia celular e molecular**. São Paulo: Guanabara Koogan, 1997.

KANDEL, E. R.; SCHWARTZ, J. H.; JESSELL, T. M. **Fundamentos da neurociência e do comportamento**. Rio de Janeiro: Prentice-Hall do Brasil, 1997.

KOLB, B.; WHISHAW, I. Q. **Neurociência do comportamento**. São Paulo: Manole, 2002.

KRAFT, U. Iluminação neuronal. **Revista Mente e Cérebro**, n. 154, nov. 2005. Disponível em: <http://www2.uol.com.br/vivermente/reportagens/iluminacao_neuronal_7.html>. Acesso em: 19 jun. 2012.

LAS CASAS, S. L. **Qualidade total em serviços**: conceitos, exercícios, casos práticos. São Paulo: Atlas, 2008.

LAZAR, S. W. et al. Meditation Experience is Associated with Increased Cortical Thickness. **Neuroreport**, v. 16, n. 17, p. 1893-1897, nov. 2005.

MARANHÃO, M. **ISO série 9000**: manual de implementação versão 2000. 6. ed. Rio de Janeiro: Qualitymark, 2001.

MEZOMO, J. C. **Gestão da qualidade na saúde**: princípios básicos. São Paulo: Loyola, 1995.

NETO, P. L. O. C.; CANUTO, S. A. **Administração com qualidade**: conhecimentos necessários para a gestão moderna. São Paulo: Blucher, 2010.

OLIVEIRA, S. T. **Ferramentas para o aprimoramento da qualidade**. 2. ed. São Paulo: Pioneira, 1996.

OSHO. **Meditação para pessoas ocupadas**: estratégias para eliminar o estresse e tranquilizar a sua vida. São Paulo: Gente, 2005.

PALADINI, E. P. **Gestão da qualidade**: teoria e prática. São Paulo: Atlas, 2009.

_____. _____. 2. ed. São Paulo: Atlas, 2011.

_____. **Gestão estratégica da qualidade**: princípios, métodos e processos. São Paulo: Atlas, 2009.

PEREIRA, L. Z.; BRAGA, C. D.; MARQUES, A. L. Estresse no trabalho: estudo de caso com gerentes que atuam em uma instituição financeira nacional de grande porte. **Revista de Ciências da Administração**, v. 10, n. 21, p. 175-196, mai./ago. 2008. Disponível em: <http://www.cad.cse.ufsc.br/revista/21/08.pdf>. Acesso em: 17 abr. 2012.

PINEL, J. P. J. **Biopsicologia**. 5. ed. Porto Alegre: Artmed, 2005.

PUSTILNICK, R. **Administração do estresse = qualidade de vida:** dicas para uma vida saudável e produtiva. Curitiba: Ibpex, 2010.

QUALIDADE TOTAL. **Os 10 princípios da qualidade total**. Disponível em: <http://www.apostilasdaqualidade.com.br/principios.html>. Acesso em: 16 maio 2012.

SELEME, R.; STADLER, H. **Controle da qualidade**: as ferramentas essenciais. Curitiba: Ibpex, 2008.

SENAI – Serviço Nacional de Aprendizagem Industrial. Departamento Regional do Paraná. **Ferramentas de Qualidade**: produção industrial I. [S.l.]: Senai, 2002.

SENAI – Serviço Nacional de Aprendizagem Industrial. Departamento Regional do Paraná. **O ciclo PDCA e as ferramentas de qualidade**. [S.l.]: Labtec, 2001.

Respostas

Capítulo 1

Questões para revisão

1. Porque a qualidade depende das necessidades do cliente e varia com o tempo e o espaço.
2. Porque, mesmo sem defeitos, o produto ou o serviço pode não vir ao encontro das necessidades do cliente.
3. b
4. c
5. e

Capítulo 2

Questões para revisão

1. a; b; d.
2. c
3. A qualidade pode sempre ser melhorada; exige compromisso total dos funcionários; deve ser refletida em todas as atividades da empresa, não apenas em seus produtos e serviços.
4. b
5. Satisfação dos clientes e, consequentemente, bom relacionamento com estes.

Capítulo 3

Questões para revisão

1. *Plan* – Planejamento, *Do* – Execução, *Check-list* – Verificação, *Act* – Ação Corretiva.
2. Atentar para não se tornar um debate e para que os participantes não ironizem nem reprimam as ideias dos colegas.
3. c
4. a
5. b

Capítulo 4

Questões para revisão

1. a; c
2. A diminuição de desperdícios, a redução dos custos, a forma de mensurar seu processo e

de gerenciá-lo, o que o torna gradativamente mais estável.
3. Associação Brasileira de Normas Técnicas (ABNT), que possui a função de definir as normas técnicas de produtos e serviços.
4. a
5. b

Capítulo 5

Questões para revisão

1. O estresse ocupacional tem sido reconhecido como importante fator de impacto na saúde física e psíquica dos indivíduos, causando o afastamento temporário dos postos de trabalho. Esse fato eleva os custos operacionais ao mesmo tempo em que diminui a produtividade. Assim, as organizações têm identificado os benefícios da prevenção do estresse ocupacional investindo em estratégias que visam reduzir o seu impacto no desempenho de seus colaboradores.
2. Na via de ação rápida, em que ocorre a liberação de adrenalina, podemos citar situações como uma promoção, um novo desafio ou, ainda, uma demissão inesperada, sendo a resposta imediata aos desafios que surgem no dia a dia. Já na via de ação lenta, ocorre a inibição de sistemas "desnecessários". Ela aplica-se ao estresse diário das empresas, como as cobranças do chefe, metas a serem atingidas, contas a pagar, entre outras. É aqui que normalmente surgem as doenças e o abatimento físico e emocional.
3. c
4. F, F, F, V
5. d

Capítulo 6

Questões para revisão

1. Um estresse pode levar a outro, tornando o dia a dia do indivíduo

bastante desconfortável, comprometendo o rendimento nas atividades profissionais e afetando sua vida pessoal. Por exemplo, o estresse físico pode contribuir para o estresse psicossocial, ou, ainda, o estresse de frustração poderá ocasionar estresse físico e assim por diante.

2. Estratégias físicas se referem a aspectos físicos, podendo ou não envolver a prática de esportes, como, por exemplo, a caminhada, a natação, a ioga etc. Estratégias mentais se referem ao relaxamento da mente. Como exemplo, podemos citar as práticas meditativas e as técnicas de relaxamento.

3. b
4. d
5. c

Sobre os autores

Angela Busse é graduada em Psicologia pela Universidade Estadual de Londrina (UEL), possui especialização em Psicologia do Trabalho pela Universidade Federal do Paraná (UFPR), Gestão em EaD e Capacitação em Tutoria. Atua na área da psicologia organizacional como consultora empresarial, orientando no atendimento a questões referentes ao desenvolvimento de pessoas. Possui formação em *Coaching* e trabalha com essa metodologia há três anos nos processos de desenvolvimento. Administra sua empresa de consultoria, a qual presta serviços a várias organizações da região de Curitiba-PR. Ministra aulas em cursos de graduação e na área tecnológica, tanto presenciais como a distância.

Maria Thereza Bond é psicóloga, mestre em Gestão por Competência, professora universitária, consultora e palestrante na área de recursos humanos e qualidade e autora de livros acadêmicos e literários. É responsável por treinamentos e capacitações *in company*.

Renato Pustilnick é biólogo, professor, mestre em Ciências da Saúde pela Pontifícia Universidade Católica do Paraná (PUCPR) e doutorando em Genética pela UFPR. É autor do livro *Administração do estresse = qualidade de vida: dicas para uma vida mais saudável e produtiva*, lançado pela Editora Ibpex em 2010.

EDITORA intersaberes

Rua Clara Vendramin, 58 . Mossunguê . CEP 81200-170
Curitiba . PR . Brasil . Fone: (41) 2106-4170
www.intersaberes.com . editora@editoraintersaberes.com.br

Conselho editorial
Dr. Ivo José Both (presidente)
Dr.ª Elena Godoy
Dr. Nelson Luís Dias
Dr. Neri dos Santos
Dr. Ulf Gregor Baranow

Editora-chefe
Lindsay Azambuja

Supervisora editorial
Ariadne Nunes Wenger

Analista editorial
Ariel Martins

Preparação de originais
Emely Borba Matos

Revisão de texto
Keila Nunes Moreira

Capa, projeto gráfico e diagramação
Stefany Conduta Wrublevski

Fotografias
Phantermedia

Iconografia
Sandra Sebastião

Dados Internacionais de Catalogação na Publicação (CIP)
(Câmara Brasileira do Livro, SP, Brasil)

Bond, Maria Thereza
   Qualidade total: o que é e como alcançar . Maria Thereza Bond, Angela Busse, Renato Pustilnick. – Curitiba: Intersaberes, 2012.

   Bibliografia
   ISBN 978-85-8212-643-1

1. Consumidores – Satisfação 2. Qualidade total 3. Serviços (Indústria) – Controle de qualidade I. Busse, Angela. II. Pustilnick, Renato. III. Título.

12-10253   CDD-658.802

Índices para catálogo sistemático:
1. Qualidade total em serviços:
Administração mercadológica 658.802
2. Serviços: Qualidade total:
Administração mercadológica 658.802

1ª edição, 2012
Foi feito o depósito legal.
Informamos que é de inteira responsabilidade dos autores a emissão de conceitos.
Nenhuma parte desta publicação poderá ser reproduzida por qualquer meio ou forma sem a prévia autorização da Editora InterSaberes.
A violação dos direitos autorais é crime estabelecido na Lei nº 9.610/1998 e punido pelo art. 184 do Código Penal.

Os papéis utilizados neste livro, certificados por instituições ambientais competentes, são recicláveis, provenientes de fontes renováveis e, portanto, um meio responsável e natural de informação e conhecimento.

FSC
www.fsc.org
MISTO
Papel produzido a partir de fontes responsáveis
FSC® C103535

Impressão: Reproset
Fevereiro/2023